MANUEL DE NÉGOCIATION COMPLEXE

Groupe Eyrolles
61, bd Saint-Germain
75240 Paris Cedex 05

www.editions-eyrolles.com

© Groupe Eyrolles, 2013
ISBN : 978-2-212-55652-0

Marwan Mery

Préface de Laurent Combalbert

MANUEL
DE NÉGOCIATION
COMPLEXE

Menaces, mensonges, insultes…
méthodes et techniques pour faire face à toute situation

EYROLLES

PRÉFACE

Que ce soit dans le monde des entreprises en particulier, ou dans l'environnement économique et géopolitique au sens large, le contexte des négociations s'est considérablement modifié depuis les dix dernières années : multiplication des parties prenantes en présence, prolifération des enjeux dissimulés, positions de plus en plus irrationnelles, utilisation de méthodes déloyales, recours aux pressions, restriction des délais, distorsion des processus de prise de décision, autant de facteurs qui brouillent les pistes et perturbent les approches traditionnelles de la négociation : nous sommes entrés dans une ère nouvelle, celle des négociations complexes.

Lorsque j'évoquais cette notion de négociation complexe au début des années 2000, lors de conférences ou de formations de négociateurs, les participants me regardaient d'un œil étonné, tant ils étaient persuadés pour la plupart que la négociation pouvait se résumer à un recueil de procédures et de bonnes recettes. La décennie passée m'a malheureusement donné raison, et il suffit pour s'en convaincre d'interroger n'importe quel négociateur en entreprise pour confirmer que ce métier n'a jamais été aussi complexe. C'est une bonne chose ! Ce contexte est en effet propice aux opportunités et aux « coups d'audace », et l'approche du métier de négociateur va considérablement se modifier dans les années à venir.

- La complexité est un terreau idéal pour les opportunités : ceux qui seront sensibilisés à ces changements de paradigmes, qui considéreront l'incertitude comme un avantage opérationnel auront toujours un temps d'avance. Il existe deux façons de gérer la complexité : se renfermer sur soi et attendre que cela passe. À ceux qui choisiront cette voie, je dis «bonne chance». L'autre approche consiste à transformer les contraintes en opportunités, et à jouer à «l'avocat de l'ange», et à accepter que l'on ne peut pas tout maîtriser, pour se concentrer sur les cartes que l'on a en main et en tirer le meilleur profit.

- La négociation va se professionnaliser : le recours à des référentiels pragmatiques, la valorisation de l'expérience acquise, la capacité à intégrer les erreurs commises pour en faire des vecteurs de force seront des qualités primordiales pour ceux qui voudront sans cesse améliorer leurs compétences. Il existe des négociateurs professionnels, capables de résoudre la plupart des situations difficiles, et ceux-là seront demain les atouts des entreprises, tels des diplomates privés, conscients des enjeux de leurs missions.

- La négociation va être plus que jamais un facteur de création de valeur : en période de crise, les marges seront maintenues, voire accrues par les négociateurs. Dans un contexte où chacun est enclin à camper sur ses positions, à jouer les guerres de tranchées, les négociateurs seront les porteurs d'une «coopétition» favorables à toutes les parties prenantes.

- L'affirmation de l'humain au cœur du système : les techniques de négociation vont se tourner radicalement vers la psychologie et le facteur humain, l'analyse comportementale sera demain enseignée dans les écoles de commerce, les techniques d'écoute efficaces seront incontournables dans les cursus de managers. Dans un contexte de stress lancinant, l'acceptation des émotions et l'aptitude à les reconnaître et à les gérer seront incontournables et valorisées.

Dans un contexte aussi complexe et aussi favorable à l'émergence d'une professionnalisation du métier de négociateur, ma rencontre avec Marwan Mery a été une révélation. Comme tous bons professionnels, nous nous sommes rencontrés pour parler… de négociation. J'ai immédiatement senti en Marwan le praticien aguerri, curieux de savoirs, avide de pratiques, toujours attentif aux détails qui font la différence. J'ai ensuite été bluffé par sa connaissance de l'humain et sa maîtrise naturelle des facteurs psychologiques de la relation et de l'influence. J'ai également pu apprécier l'immense qualité de sa relation, son amour des autres, sans lequel un négociateur ne peut pas exercer durablement son métier. J'ai enfin été conquis par son envie de transmettre, de partager son savoir sans réserve, par son écoute des expériences des autres.

Je pensais avoir lu tout ce qui avait été écrit sur le thème de la négociation, et avoir fait le tour de la question. J'avais tort. Le *Manuel de négociation complexe* est une mine d'informations, de références, de pratiques opérationnelles pour faire de chaque lecteur un praticien efficient des négociations de demain.

Laurent Combalbert
Ancien négociateur au RAID
Fondateur et dirigeant du réseau Ulysceo

SOMMAIRE

Chapitre 3

LA MÉTHODOLOGIE 17

AVANT-PROPOS

Les temps changent.

Le monde que nous connaissons s'est considérablement complexifié en l'espace de quelques décennies : interdépendance économique, krachs boursiers, grèves récurrentes, concurrence loyale accrue, concurrence déloyale latente, objectifs court-termistes, peur du chômage, catastrophes naturelles, évolution incroyable des technologies, pression du management…

Autant de facteurs qui pèsent sur notre quotidien et structurent à la fois nos décisions et nos comportements.

Dans un tel contexte, les négociations commerciales, sociales, diplomatiques, économiques ou encore politiques se durcissent au gré des événements et objectifs. Les différends provoquent des guerres de position qui enveniment les relations et brouillent la lucidité.

La conséquence de tout cela ? Les réponses d'avant ne sont plus efficaces aujourd'hui. Pour faire une analogie simple : il était plus facile de négocier pendant les Trente Glorieuses, quand chacun pouvait profiter du gâteau grandissant, que de nos jours où les parts se réduisent comme peau de chagrin.

Des réponses adaptées sont par conséquent nécessaires pour affronter les facteurs de complexité qui façonnent ces nouvelles négociations : menace, ultimatum, mensonge, ego, débordement émotionnel, bluff, manipulation, profils difficiles, insultes, mauvaise foi, chantage, incertitude…

C'est précisément la fonction de ce livre. Apporter des outils efficaces aux négociateurs pour gérer la complexité sans la subir.

Marwan Mery

NOTE SUR LE GENRE

Par souci de simplicité pour le lecteur et de cohérence globale pour l'ouvrage, «le négociateur» sera toujours référé au masculin. Ce terme générique regroupe toutes les négociatrices et tous les négociateurs, sans différence de genre.

NOTE SUR LA PRISE DE VUE

Le négociateur sera toujours référé par le terme : *le négociateur.*

L'interlocuteur du négociateur sera toujours référé par les termes : *partie adverse, interlocuteur, sujet, autre, individu.*

Selon le contexte, le *sujet* pourra être un objet et non une personne physique.

À tous ceux qui croient que l'échec vient de la complexité…

Chapitre 1

LES RELATIONS INTERPERSONNELLES

Les métiers

Un premier point s'impose afin de clarifier certaines notions élémentaires.

Nous négocions tous au quotidien. Dans une certaine mesure, évidemment, mais nous négocions. Ce terme est cependant galvaudé pour une raison unique : la Négociation avec un grand N est une compétence à forte valeur ajoutée. Et beaucoup flattent les pentes de leur ego en se considérant «négociateurs». Or, dans bien des cas, nous ne négocions pas. Nous vendons tout simplement, sans aucune notion péjorative évidemment, ou nous venons en aide à quelqu'un ou encore nous revêtons le manteau de médiateur. Voici quelques définitions pour délimiter les frontières parfois trop poreuses de métiers qui se nourrissent du même terreau : les relations interpersonnelles.

La négociation

La négociation est une méthode technique visant à trouver un terrain d'entente à des positions divergentes par le biais d'une solution qui satisfasse les parties en présence.

Il y a donc négociation dès lors que la situation implique des différends affichés ou larvés et que les forces en présence s'efforcent, de manière plus ou moins volontaire, de parvenir à un accord.

C'est précisément cette notion de confrontation relative à un objet qui provoque le recours à une méthode adaptée : la négociation.

La vente

La vente est une méthode technique dont le but est de faire émerger les besoins de l'autre partie afin de montrer en quoi le produit ou le service proposé y répond.

Contrairement à la négociation, il n'y a pas de notion de confrontation, du moins dans un premier temps. On dit souvent que la négociation débute là où la vente a échoué, la négociation prenant le relais *via* l'utilisation de techniques adaptées à la situation nouvelle.

Les meilleures ventes sont celles qui ne laissent pas la place à la négociation. Elles sont rares parce qu'elles ne sont pas uniquement dépendantes des compétences du vendeur, mais elles existent.

La vente est par conséquent un élan proactif alors que la négociation est une activité réactive.

Mais peut-on être un bon vendeur et un mauvais négociateur ? Oui, et c'est malheureusement très souvent le cas pour une raison simple : le vendeur utilise des techniques liées à la vente pour répondre à une situation nécessitant des outils de négociation.

Et peut-on être un bon négociateur et un mauvais vendeur ? Également, mais les profils sont plus rares et plus nuancés.

La médiation

La médiation est une discipline impliquant l'intervention impartiale d'un tiers afin d'appréhender la situation en cours et d'apporter une solution aux parties prenantes en vue de l'intérêt commun.

Contrairement à la négociation, où le négociateur représente les intérêts d'une partie, le médiateur est neutre et agit pour l'ensemble du groupe. Les grands médiateurs s'illustrent par leurs qualités relationnelles et pédagogiques dans le cadre de la résolution de conflits.

La négociation complexe

La négociation complexe est une méthode regroupant un ensemble de techniques permettant de faire face et de répondre à des situations à forts enjeux et à caractère déstabilisant.

La négociation complexe repose sur les bases fondamentales de la négociation et de la médiation. À cela s'étagent des couches spécifiques venant épaissir le « mille-feuilles ». Ces couches sont autant de réponses pour aborder les facteurs de complexité qui enveniment volontairement ou non les relations interpersonnelles : menaces, ultimatums, choix impossibles, bluffs, mensonges, incertitude, urgence, insultes, profils difficiles, débordement émotionnel, refus de négocier…

Au-delà du cadre de la technicité, la négociation complexe intègre également les ressorts psychologiques, déterminants dans la résolution du conflit : ventilation des émotions, lecture comportementale, communications d'influence avancées (Programmation neurolinguistique, hypnose ericksonienne, Analyse transactionnelle) et les freins cognitifs à la relation.

Négocier en situation complexe ne s'improvise pas. Bien au contraire, les négociateurs agiles et efficaces en environnement incertain présentent tous la même caractéristique : ils sont préparés, dotés des outils nécessaires.

Les grandes théories de la résolution de conflits

La littérature s'est largement appesantie sur les grands principes de négociation. Malgré leur caractère trop souvent académique, voire manichéen, ces théories présentent tout de même l'avantage de porter la réflexion au-delà du seul cadre imposé par le problème en cours.

Face à un conflit, plusieurs options s'offrent à vous.

L'évitement

La première possibilité est l'évitement ou la fuite. Le conflit revêtant une dimension difficilement tolérable, l'individu choisit de s'en distancier. La peur ou l'incapacité technique de traiter le conflit sont généralement les raisons de ce choix par dépit. La conséquence directe est évidemment la prise de pouvoir par la partie adverse.

La soumission

Une deuxième option, tout aussi asservissante, est la soumission. Motivée par la peur ou le besoin de reconnaissance, la soumission enfante une relation maître-esclave dans laquelle le sujet contraint n'existera que par la présence et les actions de l'autre. Ce phénomène est psychologiquement destructeur dans les cas où le sujet n'est pas conscient de son état modifié.

L'attentisme

Ne pas choisir, c'est accepter le choix de l'autre. Certains conflits ouverts ou latents impliquent une prise de décision rapide. Ne pas choisir, de peur de se tromper ou du fait de la complexité du problème, est un acte de renoncement et d'acceptation de la situation. L'attentisme peut être cependant tactique dans le cadre de stratégie de négociation précise.

Le passage en force

À l'inverse de la soumission, le passage en force est une réaction brutale souvent liée à une notion de respect ou d'ego. Cette voie privilégie le résultat quantitatif au détriment de la relation empathique. La réalité de l'autre n'est pas prise en compte. Même si le passage en force permet de résoudre certains conflits, il nuit grandement à l'établissement d'un lien pérenne. Son utilisation est très souvent «*one shot*».

La négociation

La négociation permet de parvenir à un accord, malgré les diffé-rends affichés, tout en prenant en considération la réalité de cha-cune des parties. C'est bien évidemment l'option la plus efficace puisqu'elle permet une solution satisfaisant les parties prenantes tout en maintenant un lien dans le temps.

La médiation

Quand le conflit s'enlise, que les liens du dialogue sont rompus, la médiation peut parfois prendre le relais de la négociation, par l'intervention d'une tierce personne, neutre à la situation. Les exemples sont légion dans la résolution de conflits sociaux et politiques.

La loi

Parfois, quand l'une des parties se sent lésée ou que les moyens utilisés sont en marge du cadre légal, le recours à un tribunal compétent peut permettre de rétablir certaines injustices. Même si elle est parfois nécessaire, c'est souvent une « solution impasse » puisque, quelle que soit l'issue du jugement, la relation s'en trou-vera entachée.

Ces différentes options de gestion du conflit, schématisées dans le graphique n° 1, font naturellement émerger trois grands styles de négociation, qualifiés « 3A ».

- **A**utoritaire : ce style regroupe l'utilisation du passage en force et de la loi. L'objectif est de satisfaire ses intérêts au détriment de l'autre.
- **A**ssociatif : la réalité de la partie adverse est prise en compte dans le cadre de la résolution du conflit. C'est le socle commun de la négociation et de la médiation.
- **A**cceptatif : la posture adoptée privilégie le choix de l'autre. C'est la négation totale de la proactivité au travers de la soumis-sion, de l'attentisme et de l'évitement.

L'inconvénient de ces grands principes est bien évidemment l'occultation de la nuance. Les négociations sont par définition «mouvantes», ce qui entraîne avant toute chose la nécessité de s'adapter. Et la faculté de s'adapter n'est possible qu'en modulant son style et son comportement. Il n'y a pas un bon style à une situation donnée, mais des nuances de styles à adopter en fonction des critères définissant un contexte.

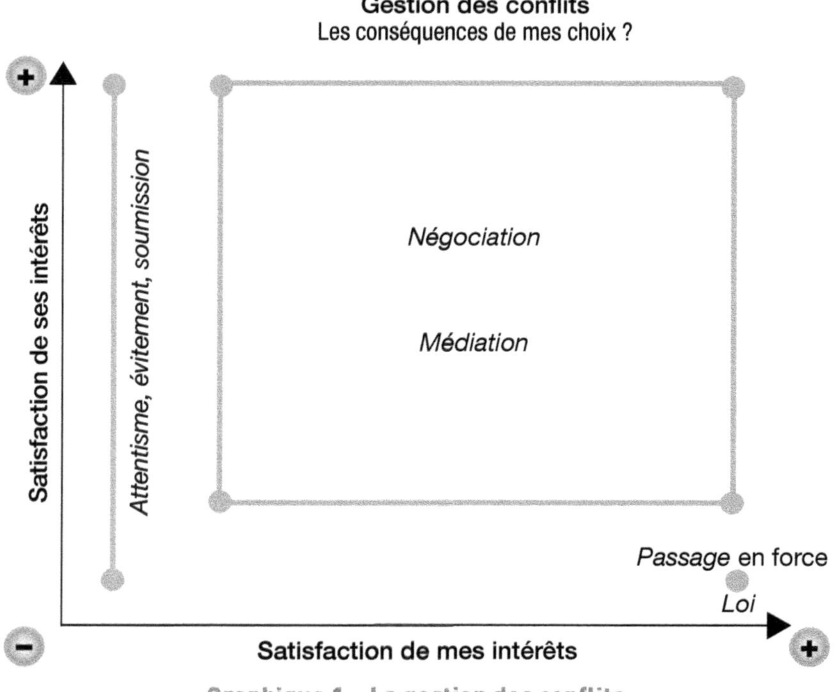

Graphique 1 – La gestion des conflits

Chapitre 2

LES INGRÉDIENTS NÉCESSAIRES

Il n'existe pas de recette miracle pour devenir un bon négociateur. Cependant, les meilleurs négociateurs partagent des qualités et des compétences communes, qui sont autant de forces pour mener à bien leurs missions.

La négociation est avant tout un travail sur soi et non sur l'autre. La clé du succès réside dans la volonté et la capacité de chacun à puiser dans son for intérieur pour extraire puis transformer la matière nécessaire. À ce titre, l'expression proverbiale «On ne naît pas négociateur, on le devient» est particulièrement porteuse de sens.

Les qualités requises

Les qualités énumérées ci-après doivent être considérées comme des atouts à un double titre. Elles permettent d'une part, d'apporter crédibilité et légitimité au négociateur et, d'autre part, de faciliter la relation interpersonnelle.

Ne pas détenir toutes ces qualités n'est pas rédhibitoire. Néanmoins, chaque manquement viendra peser lourdement à la fois sur le négociateur et aussi sur la négociation.

L'empathie

La première vertu est bien évidemment l'empathie, cette capacité à se glisser dans les souliers de son interlocuteur pour comprendre les sentiments et émotions qui l'animent. Sans empathie, la relation se limite à la couche sociale, occultant totalement la couche psychologique.

L'empathie est la condition nécessaire pour créer le lien avec son interlocuteur. Il existe de nombreuses techniques dites « empathiques » pour favoriser la relation, aussi bien verbales que non verbales. Les travaux de Carl Rogers, psychologue américain du xxe siècle, ont largement contribué à promouvoir le recours à l'empathie, aussi bien dans le cadre thérapeutique que dans les relations conflictuelles.

La maîtrise de soi

La maîtrise de soi est fondamentale pour maintenir le lien et agir en toute lucidité. Gérer son stress, maîtriser sa colère, ventiler sa peur, pacifier son ego sont autant d'exemples qui entravent trop souvent les relations. Le négociateur se doit d'afficher une solidité psychologique certaine pour mener sereinement la négociation et rassurer la partie adverse. Nous accordons naturellement plus volontiers notre confiance à des gens calmes et posés qu'à des personnes agitées aux comportements erratiques.

L'humilité

L'humilité en négociation se traduit souvent de la manière suivante : « Un bon négo n'a pas d'ego. » Les négociateurs, notamment dans des situations à forts enjeux, sont par définition fortement exposés. La convergence des regards, la pression, les félicitations suivant la conclusion d'un accord sont autant de facteurs propices à l'orgueil qui peuvent ternir la blancheur de l'humilité.

Sans humilité, la relation empathique n'existe plus, l'ego se gonfle d'orgueil, la critique constructive est balayée et l'objectif devient flou.

La créativité

Il n'existe jamais une solution à un problème.

C'est le rôle du négociateur que d'envisager des solutions innovantes pour répondre à la complexité. Primordiale pour transcender les divergences de position ou d'intérêt, la créativité permet d'orienter le conflit vers des solutions potentiellement satisfaisantes pour les parties prenantes. Sans créativité, le négociateur tourne en rond, notamment en situation critique, étant incapable d'envisager une issue favorable au différend.

La résilience

La résilience est la faculté à résister aux épreuves et difficultés qui entravent le cours de la vie et plus spécifiquement le cours des négociations. Chaque épreuve surmontée permet d'épaissir le cuir et d'étoffer la crédibilité. Les négociations les plus dures sont déstabilisantes et parfois même démoralisantes. Elles sont cependant nécessaires dans le processus d'apprentissage, car elles nourrissent l'expérience. Nul ne peut affronter une négociation complexe sans avoir écumé son lot de négociations. Il est nécessaire de tomber pour se relever.

L'aisance verbale

Un stock verbal fourni, une prosodie harmonieuse, le mot juste, une bonne élocution constituent l'aisance verbale. Il n'est pas question d'impressionner la partie adverse en se gargarisant de termes obscurs, comme pouvaient le faire certains sophistes de la Grèce antique. Bien au contraire, ces atouts doivent servir le négociateur dans le cadre de la mise à niveau et de la légitimité. La proximité ne s'obtient qu'en adaptant son mode de communication à l'autre.

L'intuition

Tout comme la créativité, l'intuition s'alimente de l'expérience. C'est souvent l'intuition qui prend le pas sur la raison dans les situations les plus critiques. Le négociateur confronte alors, consciemment ou non, la situation actuelle aux situations historisées pour prendre une décision. L'intuition permet de réagir instantanément dans des environnements le nécessitant pour «protéger» le négociateur, sans processus cognitif particulier.

La logique

Certaines négociations sont complexes de par leur technicité. Sans compréhension globale et détaillée du dossier, le négociateur perd toute crédibilité et légitimité. C'est du terrain qu'il concède malgré lui à la partie adverse. Le bon sens, au sens large du terme, intégrant l'esprit d'analyse, l'esprit critique et l'esprit de synthèse, est également nécessaire à la créativité, puisqu'il permet de produire des solutions innovantes adaptées à la problématique en cours. Sans bon sens, les propositions seront simplement hors propos et déconsidérées par les interlocuteurs.

Ces qualités, convenablement conjuguées, permettent de développer une compétence unique chez le négociateur: l'adaptabilité. En négociation, chaque situation est unique et nécessite avant tout un calibrage adapté. L'erreur consiste souvent à vouloir calquer un modèle ayant fait ses preuves à contexte donné. La prise en compte intégrale de tous les paramètres définissant le cadre de la négociation fait toujours apparaître des anfractuosités spécifiques. Et c'est l'adaptabilité qui permettra de répondre efficacement aux particularités.

Les facteurs de réussite

Les qualités permettent avant tout d'étoffer la consistance du négociateur. Mais ce n'est pas suffisant. En toile de fond, la création d'un environnement favorable est primordiale pour assurer le succès des missions. Quatre facteurs y contribuent : le conditionnement, l'optimisme, la dissociation et l'esprit d'équipe.

Le conditionnement

Le conditionnement, c'est croire au succès, même quand il n'y a plus d'espoir. Se conditionner, c'est-à-dire se convaincre que l'on peut aboutir même dans les situations les plus critiques, permet d'augmenter considérablement ses chances de réussite.

Le sociologue Robert K. Merton a mis en évidence ce phénomène psychologique de conditionnement en proposant le terme de prophétie autoréalisatrice[1] (*self-fulfilling prophecy*). Ainsi, lorsque l'on fait une prédiction, on adapte son comportement de manière à privilégier sa réalisation. En d'autres termes, on écarte tous les éléments qui pourraient obstruer sa concrétisation. Et inversement. Partir battu rapproche de la défaite.

Le prérequis est bien évidemment la nécessité de croire en l'objectif fixé.

L'effet Pygmalion[2], découvert par le psychologue américain Robert Rosenthal, est particulièrement intéressant à ce titre. Dans le cadre de cette expérience, Rosenthal réunit deux groupes de six étudiants pour évaluer la faculté de deux groupes de rats à sortir d'un labyrinthe. Il présente le premier groupe de rats comme particulièrement exceptionnel compte tenu de leur viatique génétique, et le second groupe, comme de simples rats. Le résultat est sans appel : les rats du groupe n° 1 sont beaucoup plus performants que les rats du groupe n° 2, dont certains ne quittent même pas la ligne de départ. Ce que Rosenthal avait caché aux

1. Robert K. Merton, *Social Theory and Social Structure*, 1949.
2. R. Rosenthal, F.L. Jacobson, «Teacher Expectations for the Disadvantaged», *Scientific American*, 1968.

étudiants, c'est que tous les rats avaient été sélectionnés totalement au hasard. Alors, comment ce résultat était-il possible ? Tout simplement parce que les rats du groupe n° 1 avait reçu beaucoup plus d'encouragements, d'attention, de chaleur et d'amitié. Les étudiants croyaient simplement en leurs prétendues super-compétences.

En négociation complexe, ce halo de conditionnement est une première étape vers le succès.

L'optimisme

Être optimiste, c'est croire au genre humain. Les négociations complexes charrient leur lot de profils difficiles et pathologiques. Et il est souvent peu évident de ne pas juger pour ensuite déconsidérer. Cependant il existe du bon dans chacun d'entre eux, parfois dissimulé très profondément. Le rôle du négociateur est souvent de solliciter cette partie immergée, pour à la fois créer le lien mais également faire comprendre à son interlocuteur que la solution se trouve en lui. Les techniques de changements thérapeutiques, notamment dans le cadre de l'hypnose ericksonienne, ne peuvent s'enclencher que si le thérapeute a la conviction que les ressources nécessaires à la résolution du problème résident dans le patient.

L'adage populaire «voir le verre à moitié plein», si galvaudé soit-il, est un véritable facteur motivationnel pour aborder les situations les plus extrêmes.

La dissociation

Chaque situation à forts enjeux entraîne une implication personnelle importante.

Un des risques majeurs est *l'embrasement psychologique*, le négociateur s'investissant trop grandement à ses dépens dans la relation. Cela se traduit par le glissement vers des comportements extrêmes, comme par exemple la transformation de l'empathie en sympathie ou de l'assertivité en agressivité. Il n'existe plus de distance entre le conflit et le négociateur.

La dissociation, également nommée *clivage* par Christophe Caupenne[1], est la faculté à s'extraire du conflit, tout en maintenant une implication forte et sans pour autant faire preuve de désinvolture.

Il existe de nombreuses méthodes pour y parvenir, dont celles utilisées dans le cadre de la ventilation des émotions.

Tout comme le chirurgien opérant des enfants, le négociateur se distancie de la situation pour circonscrire les émotions dégradées tout en agissant avec professionnalisme.

L'esprit d'équipe

« *If you want to go fast, go alone. If you want to go far, go together.* » Même les marathoniens ne courent pas seuls, c'est avant tout un travail d'équipe, de la préparation à la finalisation. La négociation n'échappe pas à cette règle. Même si le négociateur peut être souvent seul au front sous les feux des projecteurs, une multitude d'intervenants gravitent autour de lui : le décideur, le patron, les conseillers, les experts techniques, les soutiens, les négociateurs de relève…

Chaque organisation possède sa propre structure. Mais c'est l'esprit d'équipe qui cimente les relations au sein du groupe.

Les facteurs motivationnels

Dès lors qu'on aborde la question des facteurs motivationnels, on a tendance à penser à l'argent. Ce qui peut être rassurant pour beaucoup, puisqu'ils travaillent pour être payés.

Or les récompenses financières attendues provoquent très généralement l'effet inverse : une perte de motivation. Pour la simple et bonne raison que l'individu va avant tout déployer des ressources pour atteindre sa récompense au détriment de l'objectif ou même de la morale. C'est choisir le chemin le plus court pour satisfaire ses intérêts.

1. Christophe Caupenne, *Négociateur au RAID*, Le Cherche-Midi, 2009.

Également, on assiste souvent au phénomène d'accoutumance imposant que tout effort soit récompensé financièrement, et au phénomène d'addiction graduelle, nécessitant une rémunération toujours plus élevée. Si vous rémunérez votre enfant pour qu'il nettoie votre voiture, il est plus que probable qu'il ne le fera plus jamais sans demander à être payé.

Quatre facteurs permettent une motivation « noble » : l'autonomie, le développement, le sens et l'identification à l'objectif.

L'autonomie

Comme le souligne à juste titre Daniel H. Pink, « par nature, nous sommes des joueurs et non pas des pions »[1]. L'espace est nécessaire, tant pour la création que pour l'expression. Même si toute mission impose un cadre, il est primordial de laisser le négociateur évoluer en toute liberté au sein de ce cadre précis. Pour cela, il ne devra pas être contraint d'emprunter des mots ou des phrases toutes faites, d'adopter un mode de communication qui n'est pas le sien ou encore d'appliquer des techniques de préparation qui ne lui conviennent pas. N'empruntez pas les vêtements des autres. Ils seront taillés trop courts ou trop larges.

L'autonomie est un premier signe de reconnaissance, favorisant l'implication personnelle.

Le développement

Nous avons tous en nous des potentiels inexploités qui contribuent à notre épanouissement dès lors qu'ils se risquent à la lumière. Le développement du négociateur passe par l'acquisition de nouvelles compétences, l'apprentissage de l'expérience, de nouvelles rencontres ou encore des découvertes inattendues. Cette flamme de vie doit être entretenue tant par le négociateur que par son manager, qui se doit, idéalement, d'être un modèle inspirant.

---

1. Daniel H. Pink, *La Vérité sur ce qui nous motive*, Leduc.s, 2011.

Le sens

C'est en donnant du sens à une guerre que les généraux galvanisent leurs troupes. La satisfaction ne passe plus par l'atteinte de l'objectif, mais par la manière d'y parvenir. L'implication devient alors plus forte, mobilisant des ressources jusque-là en sommeil. Un négociateur est toujours moins efficace s'il n'est pas conscient de la portée de ses actes.

L'identification à l'objectif

Des objectifs ambitieux développent la motivation. Des objectifs irréalistes provoquent l'effet inverse. Plus le négociateur est intégré en amont dans le processus de fixation des objectifs, plus il s'y identifiera. C'est un phénomène psychologique d'attachement, l'appropriation s'étant faite par le négociateur lui-même sans volonté de le contraindre.

L'échelle de la maîtrise

Les individus qui souhaitent évoluer sereinement dans des situations complexes ne se forment pas à la négociation. Ils deviennent négociateurs. Si la frontière peut paraître nébuleuse, elle est indispensable pour la prise de conscience générale.

L'échelle de la maîtrise apporte un éclairage volontairement pertinent afin d'apprécier les étapes permettant de modeler son comportement à la nouvelle réalité.

Le premier échelon est *ignorer*.

Il s'agit tout simplement de la méconnaissance totale de techniques de négociation complexe. C'est en quelque sorte le niveau zéro, primordial pour s'élever à partir de bases saines.

L'échelon suivant est *savoir*.

L'individu va accorder une attention toute particulière à ces techniques de négociation complexe, qui vont lui permettre d'en prendre connaissance. Il connaît les techniques sans pour autant les maîtriser, mais le sentiment général est la connaissance.

Ensuite vient le *dire*.

Tout naturellement, la personne va répéter ce qu'elle vient d'apprendre. C'est un des processus basiques d'apprentissage. À ce niveau, il n'y a pas d'intégration réelle des nouvelles techniques.

La quatrième marche mène à *faire*.

Sans nul doute, c'est le palier le plus difficile à franchir. Les techniques étant pour la plupart contre nature, le système limbique, produisant des comportements automatiques, fait en sorte de bloquer tout nouvel apprentissage. Le travail sur soi commence.

Et pour finir, la cinquième et dernière marche permet d'accéder à *être*.

Les nouvelles techniques ayant été pleinement assimilées, elles deviennent naturelles, sans processus cognitif particulier. C'est précisément à ce moment que l'on découvre que l'on ne fait pas de la négociation mais que l'on est négociateur.

Pour devenir *négociateur*, il est donc nécessaire de balayer certains réflexes enracinés pour laisser la voie à de nouveaux comportements plus appropriés à la gestion de la complexité. Il convient par conséquent de passer d'un état *pierreux*, réfractaire au changement sous le poids de l'expérience et de l'éducation, à un état *spongieux*, propice à l'intégration de nouvelles conduites.

Graphique 2 – L'échelle de la maîtrise

Chapitre 3

LA MÉTHODOLOGIE

La méthodologie en négociation complexe est primordiale pour poser les jalons nécessaires à la résolution des conflits. À titre comparatif, le négociateur trace un chemin en plaçant des dalles de lumière à travers un marécage lugubre. Sans boussole, les éléments se déchaîneront et auront très certainement raison de lui.

Les principes fondamentaux

Chaque négociation est unique et exige des réponses adaptées au contexte. Cependant, il existe des notions intangibles qui structurent toute négociation, indépendamment de leurs spécificités. Ces grands principes permettent de maintenir le négociateur à flot dans certains cas précis de la négociation qui pourraient le mettre en position défavorable s'il venait à y déroger.

Le décideur ne négocie pas

Le premier principe de base est la dissociation nette entre le négociateur et le décideur pour la simple et bonne raison que le périmètre de responsabilité de chacun est clairement défini.

Le négociateur est au cœur du conflit, guidé par sa propre observation. Le décideur, en retrait, définit la stratégie, animé par sa propre vision.

Si le décideur devait négocier, dans quelle mesure la négociation se verrait-elle impactée ?

- Le décideur est rarement formé techniquement, donc il pourrait mettre en danger la conduite de la négociation.

- Le décideur, exposé trop tôt, provoque inéluctablement la *surenchère hiérarchique*, ce que Laurent Combalbert qualifie aussi d'*inflation narcissique*[1]. La partie adverse, flattée par la présence d'un patron au contact, reniera *de facto* le négociateur originalement nommé pour mener la négociation. Le négociateur devenant *stérile*, il est mis hors jeu par la partie adverse. De plus, la négociation se déroulant au niveau du décideur si, pour une raison ou pour une autre, il est nécessaire de solliciter une autorité supérieure, qui le décideur peut-il raisonnablement appeler ?

- Le décideur est seul maître de la décision finale, ce qui veut dire qu'il peut à tout moment accéder aux demandes de la partie adverse, sous réserve que celles-ci s'inscrivent dans son mandat. Le risque étant d'accepter sans conditions ou contreparties les revendications pour finaliser rapidement la négociation.

- Le décideur au contact n'a plus de vision hélicoptère de la négociation. Par conséquent, ses décisions sont le fruit de la vision tronquée de la situation temporairement observée par son œil de décideur-négociateur.

- Le décideur ne doit pas être impliqué émotionnellement dans le conflit au risque de perdre toute lucidité.

- Les décideurs, de par leur statut, possèdent, en règle générale, un plus fort ego que les négociateurs, ce qui les rend naturellement plus « sensibles » aux menaces et ultimatums. Le risque étant la manifestation des réactions spontanées, ayant pour but de restaurer l'ego écorché, au détriment de l'objectif initial.

La négociation est donc du ressort du négociateur.

Pour autant, solliciter le décideur au bon moment et de manière appropriée peut permettre d'orienter positivement la négociation. C'est concrètement mettre à profit l'aura hiérarchique du décideur pour influencer la partie adverse. L'exemple le plus fréquent est la « sortie finale ». Le décideur, parfaitement briefé par le négociateur, vient au contact pour réaffirmer les points et les positions du négociateur. L'effet recherché est de fermer la porte

---

1. Laurent Combalbert, *Négocier en situations complexes*, ESF, 2012.

à toute demande supplémentaire et de clôturer la négociation sur cette dernière rencontre.

Le décideur peut être également appelé en tant que «finalisateur» pour combler le dernier écart entre les deux parties. Le décideur joue de tout son poids pour consentir un dernier effort dans le but de finaliser la négociation.

Quelle que soit la stratégie adoptée, elle devra être parfaitement orchestrée entre le décideur et le négociateur, pour éviter toute confusion dont pourrait profiter la partie adverse.

Ne jamais céder sans contreparties

La négociation s'égrène au rythme des avancées mutuelles. Chaque concession doit en retour donner lieu à une contre-partie pour limiter la dépendance vis-à-vis de la partie adverse. *A contrario,* céder sans contrepartie signale haut et fort qu'il suffit simplement de faire pression sur le négociateur pour obtenir.

Nombre de jeunes négociateurs, soumis au stress des demandes répétées, cèdent pour s'accorder du répit sans chercher à obtenir de contreparties. En croyant s'acheter la paix, ils développent l'appétit des autres, qui se traduit en une pression encore plus élevée.

Dans le cadre de négociations commerciales, la partie adverse ne sera pleinement satisfaite que si elle a l'intime conviction d'avoir obtenu le maximum de ce qu'elle pouvait obtenir. Ainsi, au-delà des gains issus de la négociation, chaque contrepartie obtenue est une barrière érigée face à de futures demandes.

Celui qui pose des questions mène la négociation

Contrairement aux idées reçues, les négociateurs dans des situations complexes sont peu prolixes. Ils posent des questions, réorientent le cours de la négociation en reformulant ou en recentrant le débat par un questionnement pertinent.

Le questionnement est doublement utile. D'une part, il permet de se sortir de *corners* (situations mettant le négociateur dos au mur) et d'autre part de trouver l'intérêt souvent caché de l'inter-locuteur.

Les négociateurs inefficaces ont pour dénominateur commun le défaut de trop parler et de ne jamais poser de questions.

L'argumentation mène au positionnisme

Celui qui cherche à imposer son point de vue en négociation complexe se heurte inéluctablement au point de vue adverse. Pour caricaturer, c'est forcer l'autre à préférer le jaune alors que sa couleur favorite est le rouge.

Chaque argument donne lieu à un contre-argument, ce qui déclenche une guerre de positions. C'est une erreur très fréquente chez les anciens vendeurs qui cherchent à convaincre en ayant recours à la contre-argumentation.

Il existe de nombreuses méthodes issues de la communication influente qui permettent de changer le comportement de l'autre sans provoquer de contre-attaque.

Il convient cependant de préciser que l'argumentation, placée dans les séquences de temps mort de la négociation, peut être utilisée de manière chirurgicale afin de provoquer une prise de conscience particulière.

Ne pas faire de concessions pour améliorer une mauvaise relation

La tentation est certaine mais le geste est inutile. Espérer être aimé en offrant des cadeaux n'a jamais fait ses preuves. En négociation, le même constat est observé.

Même dans les situations impliquant une forte concession pour espérer revenir à la table des négociations, le négociateur se doit d'obtenir une contrepartie. C'est une question de crédibilité.

Comment obtenir une contrepartie alors que le contexte n'est en aucun cas favorable pour le négociateur ? Simplement, en allant chercher une contrepartie très faiblement valorisée pour la partie adverse que le négociateur se devra de fortement valoriser à leurs yeux. L'objectif implicite est d'accompagner la partie adverse à céder sur une composante de la négociation qui ne lui coûte pas cher. L'objectif supérieur du négociateur est d'obtenir une contrepartie, quelle que soit sa tangibilité. La valeur d'une contrepartie est toute relative, puisqu'elle dépend d'un grand nombre de critères : intérêts, besoins, objectifs, position, rapport de force, accessibilité aux ressources disponibles… Ainsi, accorder exceptionnellement un délai de paiement de dix jours supplémentaires peut être à la fois un effort mineur pour celui qui le consent, puisqu'il ne présente pas d'impact dans le cadre de sa négociation, mais un gain fortement valorisé pour l'autre si son objectif était de gonfler sa trésorerie.

La situation appelle les réponses

La négociation ne fournit malheureusement pas de nuancier de solutions à des situations données. Les techniques offrent des clés de lecture et une boîte à outils pour affronter la complexité, mais c'est au négociateur de *faire la différence*. Chaque négociation reste unique. C'est précisément la situation qui appelle les réponses. L'erreur consiste souvent à vouloir dupliquer un modèle ayant fonctionné par le passé sans prendre en compte la totalité des critères définissant le nouveau contexte.

Par phénomène de dissonance cognitive, le négociateur ayant échoué dans sa mission peut inconsciemment blâmer les circonstances pour éviter la remise en question. Or, la solution réside très souvent dans la situation elle-même, qui renferme des indices encore jamais exploités.

Ne pas recourir au mensonge

Il est difficile d'espérer tisser une relation empathique, prérequis à la création du contexte favorable, en habillant ses propos de mensonges. C'est simplement le prix de la crédibilité. Comment rétablir une confiance âprement gagnée après la mise en lumière d'éléments fallacieux ? Tous les mensonges découverts détériorent profondément la relation, plaçant le négociateur dans une situation binaire : être définitivement hors jeu, provoquant naturellement des conséquences désastreuses pour le dossier en cours de négociation, ou l'affaiblissement de sa position, impliquant un lourd dû pour rétablir sa position d'origine.

Par mensonge, il est entendu l'intention volontaire de tromper la personne, sans la prévenir de son objectif. Se pose évidemment la question éthique de l'omission, quand certains éléments constitutifs de la négociation sont manifestement occultés pour ne pas perturber le lien. Pour les mêmes raisons – citées plus haut – relatives au mensonge, dont la fonction est de maquiller la vérité, le recours à l'omission n'est pas recommandé. Certains cas peuvent cependant justifier l'omission quand les éléments en question ne relèvent pas de l'objet de la négociation et que le négociateur sait pertinemment qu'ils n'auront aucun impact sur la négociation.

Influencer pour conduire à l'appropriation

Il est plus facile de faire changer le comportement d'autrui en sollicitant ses ressources disponibles que de lui imposer notre point de vue. La différence peut paraître subtile. En réalité, elle est majeure. Elle tient simplement au phénomène psychologique d'*appropriation*, utilisée, entre autres, dans la conduite du changement. Le changement sera plus rapide et plus durable si la personne s'est convaincue elle-même du bien-fondé de la démarche.

Le rôle du négociateur est par conséquent de créer une résonance particulière dans le psychisme de la partie adverse pour conduire à l'appropriation du message. À titre d'exemple, c'est la prise de conscience du forcené qui accepte la reddition, lui-même convaincu que c'est la meilleure solution qui peut s'offrir à lui compte tenu du contexte. Dire que le négociateur de crise a réussi à le convaincre de sortir est à la fois réducteur et inexact. Il a plutôt fait en sorte que le forcené réalise de lui-même que la solution était acceptable, voire nécessaire, pour lui.

Ne pas s'arrêter aux mots

Les mots sont le mode d'expression de la pensée rationnelle et constituent le vecteur d'échange dans toutes les relations communicationnelles. Dans nos cultures, ils sont nécessaires pour véhiculer les pensées et, par voie de conséquence, ils s'arrogent une part presque exhaustive de notre attention. Or, de nombreux signaux extérieurs peuvent contredire la teneur des mots, que ce soient la gestuelle, les réponses physiologiques, le comportement, la direction du regard ou encore les expressions faciales.

Le rôle du négociateur est d'apprécier la congruence entre ce qui est dit et la façon dont les choses sont réellement formulées. C'est le domaine de la « lecture comportementale » qui permet de déceler et décoder ce que la partie adverse tente de dissimuler.

La préparation

« Dans la vie, il ne s'agit pas nécessairement d'avoir un beau jeu, mais de bien jouer de mauvaises cartes » (Robert Louis Stevenson). Et bien jouer de mauvaises cartes exige de la préparation et de la stratégie.

On considère souvent la préparation comme 80 % de la négociation. Si les universitaires peuvent disserter sur le pourcentage, tout le monde s'accorde sur le fait que la préparation représente la partie la plus importante d'une négociation. Sans préparation, le négociateur fonde ses espoirs dans l'improvisation, et l'improvisation espère ne rencontrer aucune préparation de la part de la partie adverse. Non seulement les chances de succès s'étiolent, mais également la crédibilité du négociateur risque de se voir entachée.

Une préparation minutieuse, d'autant plus essentielle dans des négociations sensibles, permet avant tout de décomplexifier la structure du conflit, c'est-à-dire apporter un regard éclairé sur la situation afin d'envisager les différentes options.

Décomplexifier la structure impose de séquencer par étapes la préparation pour couvrir l'ensemble des composantes du conflit et y apposer un filtre de raison et de clairvoyance.

Cinq phases chronologiques, réunies sous l'acronyme mnémotechnique PREPA©, assurent une complète appropriation de l'ensemble :

- **P**anorama de la situation.
- **R**édaction de mon cadre de négociation.
- **E**stimation et équilibrage du rapport de force.
- **P**lanification de la stratégie.
- **A**justement des tactiques.

Le référentiel PACIFICAT© développé par Laurent Combalbert propose également un pas à pas très efficace pour couvrir l'ensemble d'une situation donnée.

Panorama de la situation

La première étape consiste en une phase d'évaluation du contexte et de l'environnement.

Le négociateur structure sa propre réalité en s'imprégnant des données brutes en sa possession : nombre d'interlocuteurs, type de demande, position de la partie adverse, lieu de négociation, timing… Tout comme un détective qui arrive sur une scène de crime, il récolte à la fois le fruit de son observation et les éléments qu'on décide de lui rapporter. Ces données sont considérées comme brutes car elles n'ont fait l'objet d'aucun filtre préalable.

Cette étape permet de modéliser les contours de la situation, tout en sachant qu'ils seront amenés à évoluer sous le regard critique du négociateur. Et chaque fois qu'il estimera nécessaire de modifier ce premier jugement, le négociateur devra se doter de suffisamment de matière pour accepter ce nouveau choix. C'est une technique d'autocontrôle qui appelle à la réflexion.

Une situation type est définie par des composants *émergés* et *immergés*.

La partie émergée est à la fois accessible sans effort mais également visible de tous. C'est typiquement une prise d'otages caractérisée par un ravisseur et des otages, un groupe de salariés affrontant un chef de service, un acheteur refusant de référencer une innovation ou encore une querelle entre deux individus dans la rue. La situation est connue et partagée par tous les acteurs en présence.

La partie immergée quant à elle n'est pas immédiatement perméable et exige par conséquent d'aller chercher l'information en profondeur. En d'autres termes, il convient d'apporter un regard critique et d'activer le renseignement le cas échéant, c'est-à-dire collecter des informations à valeur ajoutée pour mettre en lumière les parts d'ombre et se doter d'avantages compétitifs dans la conduite de la négociation.

L'analyse des contextes

Pour considérer l'ensemble d'une situation, il est nécessaire de balayer tous les éléments structurant le contexte. C'est un premier diagnostic dont le but est de récolter les informations aidant à sa compréhension.

Le contexte physique

Toute négociation se caractérise par un *objet* devenant le point focal : une maison à vendre, un conflit entre des protagonistes, des otages aux mains d'un forcené, une innovation produit présentée à un acheteur, un divorce entre deux parties…

L'objet définit la nécessité du recours à la négociation. C'est généralement le premier élément en possession du négociateur, qui cristallise les tensions entre les parties prenantes.

Le contexte temporel

Une fois l'objet connu du négociateur, il convient de s'attarder sur le *contexte temporel*.

Dans le cadre d'un conflit, par exemple, il est primordial de connaître la date de son déclenchement pour en déterminer la *durée*, ce qui peut procurer des indications particulièrement utiles sur son *épaisseur*. Un conflit installé depuis des mois, englué dans des tentatives de résolution infructueuses, n'aura pas la même teneur qu'une querelle venant d'éclater. Par conséquent, la stratégie de négociation devra être adaptée en conséquence.

Le contexte spatial

Le *lieu* du déclenchement peut aussi faire émerger des indices déterminants. Il peut être aussi bien le catalyseur du conflit, le terrain neutre pour mener une négociation ou encore tactiquement utilisé pour se donner un avantage concurrentiel. Ainsi, le lieu a vocation hypothétique de revêtir une cause ou une conséquence, selon la typologie de la situation.

Le contexte expressif

Il est également nécessaire de se pencher sur la *façon* dont les choses se sont déroulées. Dans le cadre d'une opposition, par exemple, comment s'est-elle exprimée? Quels verbatim ont été utilisés? Quel comportement a été adopté? À quel moment? En réaction à quel objet? Quelle en a été la conséquence?

Le rôle du négociateur est véritablement d'établir un schéma répertoriant les *points de radiation*, c'est-à-dire les causes et leurs expressions précises qui ont conduit aux conséquences observées.

Le contexte relationnel

Le contexte relationnel recense les liens qu'entretiennent les parties prenantes. Connaître l'historique des relations unissant ou distanciant les personnes permet de comprendre certaines réactions ou certains comportements. Dans le cadre d'un conflit, ces informations sont déterminantes pour pénétrer la couche psychologique des individus.

La cartographie des parties prenantes

La cartographie des parties prenantes est le prolongement du travail effectué lors de l'élaboration du contexte relationnel.

Une cartographie exhaustive se réalise en conjuguant deux diagrammes: l'*organigramme* et le *sociogramme*.

L'organigramme

L'organigramme permet la représentation des liens fonctionnels et hiérarchiques qu'entretiennent les membres composant une équipe au sens large. Il en ressort les différents niveaux statutaires et le pouvoir hiérarchique exercé sur les couches inférieures. Sans facteur humain, l'organigramme pourrait se suffire à lui-même, les cases étant garantes du niveau de pouvoir et les flèches des sujets en subissant les effets.

Or, comme dans toute organisation, les jeux de pouvoir régissent les relations interpersonnelles, faisant émerger des dynamiques de groupe.

Le sociogramme

C'est précisément le rôle du sociogramme que d'établir les typologies de liens unissant ou distanciant les membres, tant au niveau social que psychologique.

Pour réaliser un sociogramme, une première segmentation est nécessaire afin d'isoler les acteurs *passifs* et les acteurs *actifs*.

Les *passifs* ont qualité d'observateurs au sein de l'environnement. Ils n'ont ni pouvoir décisionnaire ni consultatif. Ils n'apparaissent sur l'organigramme qu'au travers de leur titre, mais sont dépourvus de relief. Contrairement aux idées reçues, des individus en haut de la chaîne hiérarchique peuvent être passifs. Même si leur statut voudrait qu'ils jouissent d'un pouvoir certain dans le cadre de la négociation, la réalité peut montrer qu'ils sont volontairement ou non écartés de la stratégie et de la décision, le pouvoir ayant été confié à un N – 2, reconnu pour son expertise par ses pairs par exemple.

Les *actifs*, quant à eux, pèsent dans la négociation, d'une manière ou d'une autre. Leurs rôles, fortuits ou dictés, donnent lieu à différentes typologies d'acteurs.

- Les *alliés* : certains individus, même s'ils ne sont pas prêts à trahir leur camp, peuvent prêter une oreille particulièrement attentive ou accorder de l'importance à certains arguments de la partie adverse. Ils peuvent devenir facilitateurs dans le cadre de la résolution du conflit.

- Les *ennemis* : de façade ou de conviction profonde, les ennemis érigent des murailles pour condamner la relation d'entente. Certains peuvent s'insurger au front et d'autres peuvent fomenter à l'ombre des regards.

- Les *brouilleurs* : ils envoient volontairement des signaux contradictoires pour mettre à mal la lucidité des négociateurs. Les brouilleurs oscillent volontairement entre l'empathie et l'assertivité, provoquant une cassure brutale dans la relation en cours.

- Les *neutres* : contrairement aux passifs, les neutres jouissent d'un pouvoir consultatif et/ou décisionnaire. Si leur avis est impartial dans un premier temps, il a tendance à évoluer au gré de la négociation, ralliant la cause éventuelle des alliés ou des ennemis.

Parmi les actifs, il existe une ou plusieurs personnes qui disposent du *pouvoir de décision*. Sans l'élaboration d'un sociogramme, le négociateur s'en réfère entièrement aux liens hiérarchiques définis par l'organigramme. Or, dans bien des cas, le pouvoir peut se dissimuler ailleurs.

Pour compléter le sociogramme, le négociateur devra être en mesure de récolter des informations relatives au *groupe de référence* et au *groupe d'appartenance* des membres de la partie adverse.

Le groupe de référence rassemble les individus ou les organisations qui influencent la personne dans ses valeurs et ses jugements. Ils servent de modèles et de base de comparaison. Une personne férue de voile évoluera très certainement dans un club rassemblant des adhérents partageant la même passion. Le groupe, de par sa modélisation sociale, influera cette même personne, ce qui se reflétera à la fois dans ses valeurs mais également dans son comportement.

Le groupe d'appartenance est l'environnement dans lequel la personne évolue au quotidien. C'est le milieu social immédiat, comprenant les amis et la famille. Cet environnement procure à la personne une idéologie, des goûts culturels, des valeurs éducatives qui façonnent sa manière d'observer le monde.

> Dans le cadre de sa première rencontre avec son acheteur, le responsable grands comptes d'une prestigieuse société agroalimentaire avait contacté l'ensemble de son réseau pour espérer recueillir des informations précieuses relatives à son interlocuteur. Étrangement, Internet ne révélait aucune donnée à son sujet. Un de ses amis lui confia avoir sympathisé avec lui lors d'un gala et il remarqua qu'il était vêtu de la marque Ralph Lauren des pieds à la tête. Le responsable grands comptes troqua alors sa chemise pour un polo au logo saillant afin de se mettre dans les meilleures dispositions. Malgré le différend qui pouvait les opposer, la première rencontre se révéla fort constructive et ils passèrent près de trente minutes à parler de la marque Ralph Lauren.

Les motivations de la partie adverse

Déterminer les motivations de la partie adverse est le point pivot dans la préparation d'une négociation. Dans presque tous les cas, les motivations véritables sont rarement affichées, pour la simple et bonne raison que les personnes choisissant de les dissimuler estiment qu'elles se mettraient en position défavorable et désavantageuse.

Il est par conséquent primordial de savoir dissocier la forme du fond. Pour permettre ce travail, il convient d'aborder et de comprendre la position, l'objectif, l'intérêt et le seuil de rupture de la partie adverse.

La position

La *position* est l'attitude que la partie adverse choisit d'adopter pour démarrer et conduire une négociation jalonnée d'étapes. **Le rôle de la position est de servir l'objectif que l'individu s'est fixé.**

À titre d'exemple volontairement réducteur, Pierre souhaite vendre sa maison à 500 000 euros. C'est donc son objectif. Pour s'accorder une marge de manœuvre, dépendante de la prise en compte de certains critères, il décide de proposer sa maison à la vente à 520 000 euros. La *position* affichée de départ est donc de 520 000 euros. Et la marge de manœuvre est 20 000 euros.

La fonction première de la position est par conséquent l'atteinte de l'objectif fixé.

Dans ce cas précis, la position revêt une dimension financière mais, dans bien des circonstances, elle peut être tout autre : refuser de négocier pour asseoir une certaine autorité, exiger une condition pour déstabiliser la partie adverse, mettre sur la table un ancien différend pour prendre l'ascendant dès le départ, réclamer le changement de lieu de négociation pour provoquer une rupture…

L'objectif

L'*objectif*, quant à lui, permet de protéger l'*intérêt*. La fixation d'un objectif se doit de répondre à un certain nombre de critères. Dans l'exemple cité ci-dessus, l'objectif de Pierre est de retirer de la vente de sa maison 500 000 euros. Pourquoi 500 000 euros ? Pierre estime :

- qu'elle est au prix du marché, son voisin ayant vendu à la même maison pour ce montant ;
- qu'il aura réalisé une plus-value de 30 % en atteignant son objectif, ce qui confortera son sentiment d'avoir fait une bonne affaire.

Derrière cet objectif se cache l'*intérêt* de Pierre. Il souhaite avant tout déménager car il ne supporte plus le quartier, selon lui beaucoup trop bruyant. Il a déjà repéré une maison dans une autre ville et a besoin exactement de 483 500 euros comme apport pour l'obtention de son prochain prêt.

L'objectif de Pierre est donc de satisfaire ce qui lui semble juste, mais il n'en demeure pas moins totalement subjectif. D'ailleurs, pour combler son intérêt, Pierre pourra accepter de rogner son objectif, puisqu'en réalité il n'a besoin que de 483 500 euros pour pouvoir déménager.

L'*objectif*, tout comme la *position*, est donc négociable.

L'intérêt

L'*intérêt* est une valeur fondamentalement intangible. Par définition, elle s'inscrit dans le caractère idiosyncrasique de la personne.

Le célèbre psychologue américain Abraham Maslow a mis en évidence, au travers de sa théorie pyramidale des besoins, les facteurs motivationnels de l'homme. Par ordre croissant d'accomplissement, il distingue cinq niveaux de besoins :

1. les besoins physiologiques ;

2. les besoins de sécurité ;

3. les besoins d'appartenance ;

4. les besoins d'estime de soi ;

5. les besoins d'auto-accomplissement.

Cette liste est particulièrement utile dans la compréhension des ressorts psychologiques qui animent les parties prenantes en négociation complexe. Même si elle n'a pas vocation à couvrir l'ensemble des intérêts pouvant sommeiller dans des négociations sensibles, elle couvre 80 % des besoins généralement identifiés. À tort, les négociations sont trop souvent réduites à une dimension financière, pour la simple raison que les demandes sont communément accompagnées d'une notion monétaire. Or, dans bien des cas, l'intérêt est tout autre.

Revenons à Pierre. Son intérêt est purement sécuritaire dans le cas présent, le bruit l'empêchant de vivre comme il le souhaiterait. En se fixant un objectif qu'il estime réaliste, il peut non seulement récolter les fruits de sa plus-value mais également satisfaire son intérêt fondamental.

Contrairement à l'*objectif* et à la *position*, l'*intérêt* n'est pas négociable, puisqu'il assure la «survie» de l'individu. Il est à noter cependant que certains cas imposent le sacrifice d'un intérêt pour répondre à un intérêt supérieur.

Le seuil de rupture

Le *seuil de rupture* définit la frontière entre le négociable et le non-négociable. Si l'individu estime que ses intérêts sont menacés, alors il aura atteint son seuil de rupture.

Les motivations de la partie adverse sont difficilement cernables lors d'une première rencontre, sauf si le négociateur a eu accès à des informations particulièrement confidentielles. Toute la compétence du négociateur va s'exprimer au travers de la conduite de la négociation, pour révéler les parts d'ombre et les incohérences dans le discours de la partie adverse.

	SIGNIFICATION	VISIBILITÉ	NÉGOCIABILITÉ	EXEMPLE
POSITION	Tactique, pression, demande de façade	Toujours affichée	Négociable	Donnez-moi 400 000 euros si j'arrête de travailler avec vous
OBJECTIF	Gain au travers de la négociation	Communément cachée	Négociable	Récupérer 50 000 euros
INTÉRÊT	Facteur motivationnel	Communément cachée	Non négociable	Continuer de travailler avec son interlocuteur

Tableau 1 – Matrice de motivations de la partie adverse

Rédaction de mon cadre de négociation

Tout comme le négociateur se doit de dresser un premier diagnostic des motivations de la partie adverse, il se doit également définir son propre de cadre de négociation.

La fonction première de ce « garde-fou » est de délimiter de façon pragmatique ce que le négociateur considère comme *négociable* et *a contrario* comme *non négociable*. Sans ce travail de segmentation, le négociateur s'expose au risque de conclure un accord qui pourrait lui être fortement préjudiciable après une seconde lecture. Les causes peuvent être légion : pression de la partie adverse, incompréhension de certains éléments, raisonnement fallacieux, volonté de signer vite…

Le *non-négociable* permet donc au négociateur, d'une part, de se protéger de lui-même, et d'autre part de se prémunir des pressions de la partie adverse.

Le *négociable*, quant à lui, définit la marge de manœuvre que le négociateur s'autorise, c'est-à-dire le terrain qu'il est prêt à concéder sans que cela menace ses propres *intérêts*.

Dans le cadre de la rédaction du diagnostic, le négociateur devra définir son objectif et son intérêt, pour aboutir à son seuil de rupture. La position sera abordée ultérieurement, car elle est dépendante de la tactique adoptée par le négociateur.

Mon objectif

L'objectif occupe une double fonction pour le négociateur. D'une part, comme abordé précédemment, il sert à protéger l'intérêt. D'autre part, il représente l'essence du jeu de la négociation. Le rôle de la négociation est de permettre d'accéder à des réalisations qui ne pourraient avoir lieu sans la négociation. D'où la notion de compétence à valeur ajoutée pour qualifier la négociation. Et cette compétence s'exprime d'autant plus dans des négociations complexes.

Il n'existe pas de critères définis pour déterminer un objectif, celui-ci étant dépendant d'un certain nombre d'éléments qui échappent au contrôle et à la vision du négociateur.

Cependant, une règle de bon sens s'applique pour tout objectif : plus le négociateur a en sa possession des informations lui permettant d'éclairer une situation donnée, plus il sera capable de s'assigner un objectif réaliste et atteignable. Maintenant encore, certains choisissent délibérément des objectifs volontairement élevés, quel que soit le contexte.

Mon intérêt

Définir son propre intérêt peut paraître nébuleux dans un premier temps.

Une erreur communément observée est la fusion, volontaire ou non, de l'*objectif* et l'*intérêt,* et de les placer au même niveau. L'objectif devenant l'intérêt, le négociateur s'arc-boute sur son objectif, positionnant par conséquent le seuil de rupture au niveau de l'objectif. La conséquence directe est l'annihilation de toute solution innovante qui pourrait permettre d'aboutir à un accord qui satisfasse les parties prenantes. Également, le négociateur perd de vue son intérêt premier, réduisant très souvent la négociation à du positionnisme.

Reprenons le cas de Pierre pour illustrer ce point. Supposons qu'il noie son intérêt dans son objectif. Par conséquent, son seuil de rupture est désormais 500 000 euros. Toute proposition inférieure sera systématiquement refusée. Dans ce cas présent :

- il occulte son intérêt (se débarrasser de la nuisance sonore) ;
- il ferme la porte à des propositions financières qui pourraient satisfaire son intérêt réel ;
- il réfute par défaut toute solution innovante. Par exemple, proposition du vendeur à 495 000 euros assortie de la prise en charge d'une partie des travaux dans la prochaine maison que Pierre convoite (le vendeur ayant une entreprise de BTP).

Cet exemple, encore une fois volontairement réducteur et dénué de complexité, est particulièrement pertinent pour faire le distinguo entre *intérêt* et *objectif.* Ne pas connaître son propre intérêt en négociations complexes est particulièrement dévastateur.

Mon seuil de rupture

Au-delà de sa fonction, abordée plus haut, le seuil de rupture procure l'immense avantage d'alerter le négociateur dans la conduite de la négociation, d'où la nécessité de bien déterminer sa *position*, son *objectif* et son *intérêt* dans toute préparation d'une négociation.

Dès lors que la partie adverse tentera de l'emmener sur un terrain qui pourrait menacer ses intérêts, la sentinelle du seuil de rupture rougira pour prévenir le négociateur des conséquences désastreuses.

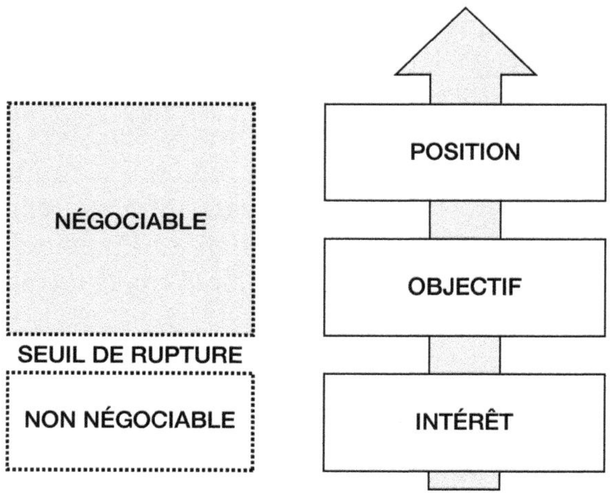

Graphique 3 – Matrice des motivations en négociation

À noter qu'il existe des cas, notamment critiques, où l'objectif peut être égal à l'intérêt. À titre d'exemple, préserver tous les emplois d'une usine qui menace de fermer. L'intérêt étant qu'aucun ouvrier ne se retrouve au chômage, on s'accorde la possibilité de les recaser dans d'autres sites, en tant que solution innovante. Or, les ouvriers ne sont pas mobiles pour des raisons qui leur sont propres, il n'existe aucune autre usine dans la région et l'État ne souhaite pas nationaliser. L'avenir des ouvriers dépend entièrement de l'avenir de l'usine. Dans ce cas précis, l'objectif (préserver les emplois aux conditions actuelles) peut être au même niveau que l'intérêt (préserver les emplois = besoins physiologique et sécuritaire = travailler pour se loger et se nourrir), si l'on considère que le contexte ne permet aucune solution innovante (diminution de salaire, maintien d'un employé sur deux, augmentation du temps de travail non rémunéré…) compte tenu de la santé financière de l'usine.

Équilibrage du rapport de force

Toute négociation est caractérisée par un rapport de force. Ce dernier est à la fois une réalité à considérer dans le cadre de l'élaboration de la stratégie, et également une composante à poids variable dans la balance des pouvoirs.

La plupart des négociations complexes affichent un pouvoir clairement déséquilibré. Tout l'enjeu de la partie souffrant du déséquilibre consiste à rétablir, de façon partielle ou totale, une symétrie de pouvoirs, acceptée par l'autre partie, pour figurer comme un interlocuteur crédible, voire nécessaire.

Estimation du rapport de force

L'estimation du rapport de force est avant toute chose une notion doublement relative. D'une part, elle est dépendante de la perception du négociateur et, d'autre part, de la perception de la partie adverse. Ce qui signifie qu'elle est d'autant plus nébuleuse quand les parties ne se connaissent pas, puisqu'elle est le fruit d'une analyse respectivement subjective. Plus les parties seront amenées à se livrer, plus la notion de pouvoir apparaîtra de façon tangible.

Face à une situation nouvelle, le diagnostic du rapport de force se mesure à l'aune des informations récoltées confrontées au pouvoir relatif du négociateur.

Plus ces informations seront nombreuses et auront bénéficié d'un filtre de véracité, plus le négociateur sera en mesure d'appréhender avec pertinence le pouvoir de la partie adverse. C'est encore une fois toute l'importance du renseignement. La typologie des données à recueillir ne doit s'astreindre à aucune frontière : cartographie des parties prenantes, part de marché volume et valeur de l'entreprise dans le segment donné, position de négociation adoptée, stratégie de développement de l'entreprise, analyse des contextes, rapports des dernières négociations avec la concurrence… Autant d'éléments spécifiques à la situation donnée pour alimenter la vision du négociateur.

Fort de ces éléments, le négociateur dresse ensuite une liste de données relatives à son propre pouvoir : part de marché, investissements récents, stratégie de l'entreprise, qualité de l'offre, facteurs de différenciation par rapport à la concurrence, projets d'envergure…

En conjuguant les informations récoltées auprès de la partie adverse et son pouvoir relatif, le négociateur obtient un diagnostic lui permettant de dessiner une première balance des pouvoirs.

Même si l'estimation du rapport de force demeure subjective dans un premier temps, elle est primordiale pour activer de nouveaux leviers de pouvoir ayant pour but de rétablir l'asymétrie affichée ou de consolider la position actuelle.

Dynamique des pouvoirs

Les travaux d'Alfred Adler[1] sur la volonté humaine de toujours atteindre une position supérieure décrivent parfaitement la dynamique des pouvoirs observée en négociation complexe.

Prendre l'ascendant est communément admis comme un avantage compétitif. Aussi bien dans un environnement militaire que dans un simple entretien d'embauche, le rapport de force régit les interactions et les positions que chacun va adopter. Ainsi, l'Homme n'aura de cesse que de s'efforcer de rétablir une asymétrie préjudiciable afin d'être considéré comme un interlocuteur crédible.

Il existe plusieurs pouvoirs activables, selon la situation et le profil du négociateur, pour permettre de rééquilibrer le rapport de force existant.

Le pouvoir charismatique

Par définition, il n'est pas donné à tout le monde. Le pouvoir charismatique définit la faculté du négociateur à se faire rapidement

1. Alfred Adler, *Connaissance de l'homme. Étude de caractérologie individuelle*, 1949.

accepter par la partie adverse. Même si la beauté peut être un facteur avantageux dans certains cas, il réunit tous les composants gravitant autour du charisme : charme, aisance verbale, écoute, style vestimentaire, affabilité, agréabilité, expressivité émotionnelle, implication…

Le pouvoir charismatique permet de capter l'attention, même pour une courte durée, et de passer le relais aux compétences techniques du négociateur pour maintenir la brèche ouverte aussi longtemps que nécessaire.

Le pouvoir statutaire

Un individu peut choisir d'user de son pouvoir statutaire en affichant volontairement son titre ou sa position dans l'entreprise. Cette option permet d'apporter du poids supplémentaire aux mots utilisés et d'épaissir la substance du discours. Le titre ne fait pas tout évidemment, la personne se doit de camper convenablement le rôle qu'elle occupe. Beaucoup d'entreprises de nos jours attribuent un statut de directeur à de simples commerciaux, espérant flatter à la fois le collaborateur et ses futurs clients. La démarche est louable pour appuyer le pouvoir statutaire. Malheureusement, quand le périmètre de responsabilité ne correspond pas au titre et que la juniorité du collaborateur contredit ce qu'on peut attendre d'un poste de directeur, l'effet est contraire à celui escompté.

Le pouvoir statutaire ne se résume donc pas à une carte de visite, mais véritablement à la capacité à transporter ses interlocuteurs en usant de l'aura conférée par le statut.

Le pouvoir fonctionnel

Le pouvoir fonctionnel est synonyme d'autorité reconnue. Comme son nom l'indique, il est lié à la fonction, mais ne porte aucune empreinte hiérarchique (*cf.* pouvoir statutaire). Dans nos sociétés, leurs fonctions se suffisent à elles-mêmes : notaire, médecin, policier, avocat, chercheur, scientifique, académicien, membre du gouvernement… Nous sommes tous sensibles, même si nous pouvons rester critiques, au pouvoir de la «blouse blanche». Certaines fonctions en usent et en abusent. Quoi qu'il en soit, les messages trouvent toujours un écho particulier dès lors qu'ils sont proférés par des fonctions bénéficiant d'une telle autorité. Combiné à une renommée régionale, nationale, voire internationale, le pouvoir fonctionnel s'adjuge un rayonnement véritablement compétitif.

Le pouvoir institutionnel

Certaines personnes choisissent, à juste titre, de s'adosser à leur pouvoir institutionnel pour gagner en crédibilité. Cela peut être une entreprise de renommée mondiale, une grande école, une association reconnue ou encore un club d'affaires influent. Les responsables grands comptes de sociétés comme Procter&Gamble, Danone, Apple, Nike s'appuient volontairement sur le pouvoir de leur marque pour s'arroger une part de voix plus importante.

Le pouvoir radical

Le pouvoir radical est un pouvoir de moyens lié à la capacité de l'organisation ou de l'entreprise à se structurer en conséquence. Ces moyens sont généralement radicaux et pèsent lourdement dans la balance. Cela peut être le recours à la loi pour rétablir une situation déséquilibrée à cause d'un abus ou encore des investissements volontairement disproportionnés pour s'acheter des positions dans un segment spécifique.

Malheureusement, le pouvoir structurel peut aussi s'exercer en marge du cadre légal comme observé dans certaines négociations, *via* l'usage du chantage ou de pots-de-vin à titre illustratif.

Atténuation du pouvoir de l'autre

Quand il est difficilement possible de s'élever, il reste toujours l'option d'agir sur le pouvoir de l'autre en cherchant à le diminuer. C'est frapper Achille à son talon. Pour cela, une bonne dose de créativité est généralement nécessaire. À titre illustratif, une petite entreprise régionale sous le joug des menaces et ultimatums d'un leader de la grande distribution avait décidé de prendre la parole dans un journal à grand tirage pour dénoncer ces pratiques déloyales et les conséquences potentielles sur l'emploi. L'opinion publique s'offusqua alors pour ensuite bouder cette grande enseigne. L'image ternie, la santé affaiblie, le distributeur accepta finalement de lui-même de signer un accord avec la PME. En conclusion, cette démarche était clairement risquée, mais elle

offre un véritable exemple de moyen pour atténuer le pouvoir de
l'autre.

Planification de la stratégie

«Si j'ai vu plus loin que les autres, c'est parce que j'étais assis sur
les épaules de géants», déclara Isaac Newton.

La stratégie permet de diriger et de coordonner les actions afin
d'atteindre un objectif. Quand on évoque le terme de stratégie,
on pense communément à Napoléon, Churchill, Sun Tzu, César
ou encore Alexandre le Grand. Ces célèbres leaders trouvent un
dénominateur commun dans leurs exploits mémorables.

Le mot «stratégie» est dérivé du grec *stratos*, «armée», et *aegîn*,
«conduire». Si la stratégie porte des racines militaires, elle est à la
fois indispensable et utilisée dans toutes les activités.

En négociation complexe, elle est décisive. Tout comme les grands
généraux ont pu s'illustrer en gravant l'histoire, les négociateurs
remarquables ont brillé en adoptant des stratégies redoutables.

Prérequis à la stratégie

Même s'il n'existe pas de stratégie type à apposer à une situation
donnée, il est important de respecter quelques fondamentaux
pour éviter de dangereux écueils.

À titre illustratif, sur un échantillon de 213 négociations complexes ayant échoué en France entre 2007 et 2012 (grande distribution, conflit social, énergie, santé et finance), 38 % d'entre elles
portent la cause d'une stratégie inappropriée.

Comprendre la problématique

Rien ne semble plus évident que d'appliquer une stratégie à une
problématique parfaitement comprise.

Or la réalité est tout autre, notamment en négociation complexe.
On observe d'ailleurs que plus la négociation porte sur des notions
techniques, plus il est difficile d'adopter une stratégie efficace.

La compréhension de la problématique s'en trouvant naturellement brouillée, la stratégie repose alors sur des fondements

précaires. Les risques deviennent par conséquent multiples : perte de crédibilité, sous-évaluation des investissements, retour en arrière, destruction de la relation, activation précoce du négociateur fusible, refonte des tactiques…

En 2009, une équipe de négociateurs d'une PME fabriquant des fromages régionaux rencontre pour la première fois la commission d'achat d'un distributeur national. Lors du premier rendez-vous, les acheteurs expriment leurs conditions (remises et ristournes sur base non comparable) et la règle de calcul propre à leur enseigne. Les négociateurs prennent soin de consigner le tout par écrit, quittent leurs interlocuteurs et rentrent dans leur terre natale. Le patron de la PME, qui recueille ces éléments tout frais, élabore une stratégie qui est validée par l'ensemble du comité de direction et l'équipe de négociateurs. Lors du deuxième rendez-vous, le ton monte rapidement et la négociation tourne au vinaigre. Les négociateurs sont littéralement expulsés de la salle et les acheteurs leur signifient qu'aucun accord ne sera signé pour l'année. Lors du débriefing, le patron déplore ce manque à gagner (23 % de CA additionnel) mais se console en estimant que de toute façon les exigences du distributeur étaient trop élevées par rapport à ce qu'ils étaient prêts à investir, donc menaçaient leurs intérêts (vendre à perte). Après l'intervention d'un expert spécialisé en négociation à la suite de la demande d'un collaborateur extérieur à la négociation, il s'avère que le différend portait uniquement sur la compréhension de la demande, d'où l'élaboration d'une mauvaise stratégie qui a conduit à la tenue d'une position inappropriée. En aucun cas il ne s'agissait de conditions jugées insuffisantes par les acheteurs mais simplement d'un « effet d'optique » mal apprécié par les négociateurs. L'histoire se termine bien, puisque, un mois plus tard, forts de cette nouvelle compréhension, ils signèrent un accord satisfaisant les deux parties.

Même si la décision revient à une seule personne, il est primordial de savoir s'entourer et de confronter les avis pour apprécier toutes les facettes d'un problème. Une stratégie doit toujours répondre à une problématique comprise et non interprétée. Comme le dit l'adage populaire : « Problème bien posé est à moitié résolu. »

Chercher un positionnement favorable

La vocation d'une stratégie est par définition la recherche d'un positionnement favorable pour conférer aux niveaux tactiques et opérationnels un avantage déterminant sur la partie adverse. Afin d'espérer «voir plus loin que les autres», comme le soulignait Isaac Newton, il est nécessaire d'intégrer trois éléments majeurs dans l'élaboration d'une stratégie.

Le premier est la **prise en compte de la stratégie adverse** envisagée. Même si l'exercice peut paraître périlleux, il est indispensable pour éviter de raisonner en vase clos. Le propre d'une stratégie est sa relativité car un jour ou l'autre elle devra se confronter à celle de l'autre. Ce qui signifie que l'efficacité d'une stratégie reste théorique tant qu'elle n'a pas eu l'occasion de s'exprimer face à la réaction adverse. D'où la nécessité de toujours intégrer dans la réflexion la stratégie de l'autre.

Le deuxième élément est l'extension du premier. Pour chercher un positionnement favorable, il est nécessaire de viser toujours un **coup d'avance** sur la partie adverse. Si la prise en compte de la stratégie adverse est déterminante, cette démarche doit s'inscrire dans la durée pour intégrer la réaction en chaîne. La comparaison avec les stratégies élaborées par le joueur d'échecs est particulièrement illustrative. Avant d'avancer une pièce, il se pose toujours la question de savoir qu'elle va être la réaction de l'adversaire, pour anticiper déjà son deuxième, troisième ou quatrième mouvement. Celui qui prend l'ascendant est toujours celui qui a su voir plus loin que l'autre.

Et, enfin, la stratégie doit être **modulable**, c'est-à-dire non figée. L'erreur communément observée, pour une situation donnée, est de se contraindre à appliquer une stratégie valable à un moment T et caduque à un moment X. Une stratégie se module et s'adapte constamment pour absorber des nouveaux éléments de contexte. C'est la clé pour ainsi prétendre à un positionnement favorable et durable.

Ne pas négliger l'intérêt

Une erreur très fréquemment constatée dans l'élaboration d'une stratégie est l'abstraction volontaire ou involontaire de l'intérêt.

Certes, la stratégie doit servir l'objectif fixé puisque c'est sa raison d'être, mais elle ne doit en aucun cas négliger l'intérêt.

Une stratégie, élaborée sur la base d'un objectif uniquement, s'en remet à l'atteinte irrévocable de l'objectif. Si, pour n'importe quelle raison, l'objectif ne peut être réalisé mais que la négociation continue car elle est toujours dans l'intérêt du négociateur, la stratégie s'écroule alors comme un château de cartes, provoquant potentiellement des conséquences désastreuses pour le négociateur : perte de crédibilité, perte de légitimité, incohérence du discours…

Avril 2011, un conflit éclate entre direction et syndicats d'une compagnie aérienne. La base exige une revalorisation salariale de 290 euros par mois pour une centaine de salariés. La direction décide alors d'adopter une stratégie reposant sur un objectif maximal de revalorisation mensuelle à 50 euros par mois, même si elle reconnaît pouvoir aller jusqu'à 115 euros par mois si nécessaire. L'important pour elle est surtout d'éviter une grève (son intérêt) au vu de la situation financière et des pertes de positions face à la concurrence. Le cadre chargé de mener les négociations adopte volontairement une posture dure et construit toute sa tactique en intégrant le plafond de 50 euros. Les négociations aboutissent à une impasse, ce qui conduit à un premier jour de grève. La direction revient aussitôt à la charge et reconstruit une stratégie autour de 100 euros. Profitant de la contradiction des propos tenus la veille, les syndicats durcissent le ton, ayant le sentiment que la direction peut faire encore des efforts. Un accord sera finalement signé à 120 euros, terni par une perte de crédibilité de la direction.

Être pilotée par le décideur

S'il est recommandé de faire participer des membres d'une équipe à l'élaboration d'une stratégie, le pilotage revient au décideur pour des raisons évidentes de cohérence et de suivi. Le décideur est à la fois garant de la bonne application et de la bonne transformation. Sa vision hélicoptère, agrémentée par les informations remontées par le négociateur au front, lui autorise également de modifier la stratégie s'il la juge inefficace ou peu pertinente.

Choix de la stratégie

Pour être en mesure de construire une stratégie efficace, il est préférable de s'accorder un panel de choix. Non seulement il stimule la réflexion, mais il permet également de cueillir les bonnes idées parmi les différentes options.

Il existe de nombreuses méthodes de brainstorming, facilitant l'éclosion d'idées créatives et innovantes. Toutes les études montrent que la mise en commun de cerveaux partageant les mêmes objectifs produit des stratégies mieux ficelées et plus adaptées.

Se pose ensuite la question du choix de la stratégie. Pour être en mesure de sélectionner une stratégie, il est nécessaire d'utiliser le même « tamis » pour chacune d'entre elles, au risque de biaiser l'analyse. Parmi les nombreuses techniques disponibles, le SWOT, mondialement reconnu pour son efficacité, permet d'apprécier de manière exhaustive les conséquences d'une stratégie, en listant les forces (*Strengths*), les faiblesses (*Weaknesses*), les opportunités (*Opportunities*) et les menaces (*Threats*).

FORCES	FAIBLESSES
-	-
-	-
-	-
…	…

OPPORTUNITÉS	MENACES
-	-
-	-
-	-
…	…

Attribution des moyens

Une fois la stratégie définie, il est nécessaire d'attribuer les moyens aux niveaux tactiques et opérationnels. Dans le cadre d'une négociation commerciale, par exemple, on utilise souvent le terme de « mandat » pour définir l'enveloppe budgétaire. Ces moyens peuvent revêtir une dimension financière, logistique ou encore humaine selon la typologie de la négociation.

Si la stratégie déroule un ensemble de moyens, l'éclatement se fait très généralement au niveau de l'équipe de négociateurs. Ce procédé est préférable puisqu'il laisse les négociateurs libres de poser la tactique qui leur semble la plus appropriée en fonction de la réalité observée.

Le moyen est le fuel indispensable à l'atteinte de l'objectif fixé. C'est au décideur d'en estimer la quantité et la qualité nécessaires.

Ajustement des tactiques

La dernière étape de préparation regroupe les tactiques, c'est-à-dire le déroulé opérationnel de la stratégie. Cette phase est cruciale puisqu'elle finalise les préparatifs avant le contact.

La position

Tout comme abordé dans le cadre des *motivations de la partie adverse*, le rôle de la position est d'afficher ouvertement aux yeux de la partie adverse une posture délibérée. Ce terme vise à englober tous les éléments relatifs à la position :

- position financière. Exemple : communiquer un montant « seuil » ;
- position comportementale. Exemple : adopter une posture ouverte ou fermée ;
- position de rapport. Exemple : adopter une position haute (ascendante) ou basse (dominée) ;
- position spatiale. Exemple : mise en avant d'un négociateur ;
- position temporelle. Exemple : deadline ou ultimatum.
- etc.

> Une équipe de négociateurs de l'industrie automobile décide d'adopter une position comportementale atypique pour créer une rupture dans une négociation enlisée face à un sous-traitant de pièces détachées : abuser du silence et feindre l'énervement. Trente minutes plus tard, le sous-traitant, perturbé par ce comportement inhabituel, craint pour l'issue de la négociation. Il décide alors de s'ouvrir, chose qu'il n'avait pas faite depuis deux mois.

Choix et relève du négociateur

Encore une fois, la situation appelle les réponses. Il est donc nécessaire de s'adapter au contexte. Cette démarche flexible implique une analyse particulièrement fine de la situation pour faire émerger des éléments incontournables à la résolution du conflit ou de la problématique : dynamique de pouvoirs, cartographie des parties prenantes, utilisation des moyens… Autant de critères qui relèvent de la singularité du négociateur.

Un rapport de force déséquilibré, dont l'asymétrie peut être corrigée par l'usage du pouvoir charismatique compte tenu de la « sensibilité affective » de la partie adverse, implique le recours à un négociateur doté de cette compétence, si le choix est bien évidemment possible.

Le négociateur est ainsi positionné en fonction du contexte pour optimiser les chances de succès.

C'est également le choix adopté par certains stratèges pour mettre en avant des négociateurs de même origine ethnique que la partie adverse et ainsi établir un lien plus rapidement.

Dans certains cas, la relève du négociateur s'impose. Les raisons peuvent être variées : implication émotionnelle trop importante, lien détruit, bluff en échec, effet fusible pour permettre un changement de stratégie…

Il n'est jamais facile de relever un négociateur. Cette phase délicate implique de grandes précautions pour que la greffe prenne.

Tout d'abord, le nouveau négociateur doit présenter un profil adapté à la situation en cours. Idéalement, il doit jouir de compétences complémentaires au premier négociateur pour s'imposer rapidement et provoquer naturellement la préférence. Également, si des erreurs ont été commises par le passé, il doit faire amende honorable et accepter bien souvent une part de responsabilité qui ne lui incombe par directement. Et, enfin, il doit bénéficier du même niveau d'informations que le premier négociateur afin d'éviter toute confusion ou incohérence dont pourrait profiter la partie adverse.

Le choix ou la relève du négociateur revient très généralement au décideur, sa vision globale du dossier lui accordant la prise de hauteur et la clairvoyance nécessaires au bon jugement.

Solutions innovantes

Les conflits se caractérisent par les tensions qui se cristallisent autour des positions tenues par les parties prenantes. Le rôle du négociateur est de mettre en lumière ce qui se cache derrière ces positions et d'y répondre en proposant des solutions qui satisfassent les forces en présence.

La vocation d'une solution innovante est d'offrir une alternative à l'exigence d'une demande dans le but d'ouvrir la négociation et de l'orienter hors du positionnisme.

À titre d'exemple, cela peut être proposer le rallongement du délai de paiement pour que le client maintienne sa commande s'il menace de l'annuler.

Les solutions innovantes doivent être listées et préparées en amont pour offrir du jeu de jambes au négociateur. Certaines autres solutions émaneront de la conduite de la négociation grâce à l'échange et aux informations récoltées.

Une solution innovante doit toujours répondre à un intérêt et non à une position. Un annonceur exige 500 000 euros pour pouvoir bénéficier de son réseau d'affichage dans le métro parisien. Proposer un paiement différé n'est pas une solution innovante. Dans ce cas-là, c'est accepter une demande de façade. Si le négociateur parvient à découvrir l'intérêt (300 000 euros pour rembourser totalement l'achat des panneaux), une solution innovante pourrait consister à investir 250 000 euros et s'engager à dépenser le même montant lors de la prochaine campagne prévue dans six mois.

La conduite

La phase préparatoire étant terminée, il faut désormais aborder sereinement la conduite de la négociation. Un certain nombre de critères sont à prendre en compte pour espérer se mettre dans les meilleures dispositions face à son interlocuteur et mener la négociation convenablement pour aboutir à une solution négociée.

Élaboration du contexte favorable

Le négociateur doit considérer le contexte comme une toile de fond l'assistant dans sa démarche positive. Être un négociateur positif signifie être foncièrement tourné vers l'autre, animé par la volonté d'aboutir à une solution négociée. Pour cela, il est nécessaire non seulement d'adopter une attitude idoine mais également de réunir les conditions favorables à la relation.

La typologie du contact

Il existe communément deux types de contact possibles : visuel ou auditif.

Selon la typologie vécue, il est primordial de respecter certaines notions pour fluidifier la relation et ainsi espérer développer un lien pérenne.

Le contact visuel

Dans le cas du visuel, le contact est oculaire et physique.

Si le contexte se caractérise par la présence d'une table, pour prétendre aux meilleures dispositions ou simplement éviter d'alimenter le conflit, le négociateur préférera une *position désaxée*, illustrée ci-dessous. La démarche est coopérative, le négociateur se positionnant à angle droit par rapport à l'axe central de la table. Les confidences, les relations amicales ou intimes privilégient par nature cet agencement, créant une proximité synonyme de connivence. Certaines négociations, même si elles demeurent rares, permettent même un *contact côte à côte*, les deux interlocuteurs étant assis l'un à côté de l'autre. Dans ce cas précis, le négociateur est dans une position particulièrement avantageuse pour créer un contexte favorable.

A contrario, la *position axée* est synonyme de confrontation. Le face-à-face est une réponse adaptative avant le combat ou le passage à l'action. L'environnement suggère par conséquent une dimension à caractère antagoniste. C'est souvent la position recherchée par les parties souhaitant déstabiliser dès le départ les négociateurs. La pratique est très courante en grande distribution.

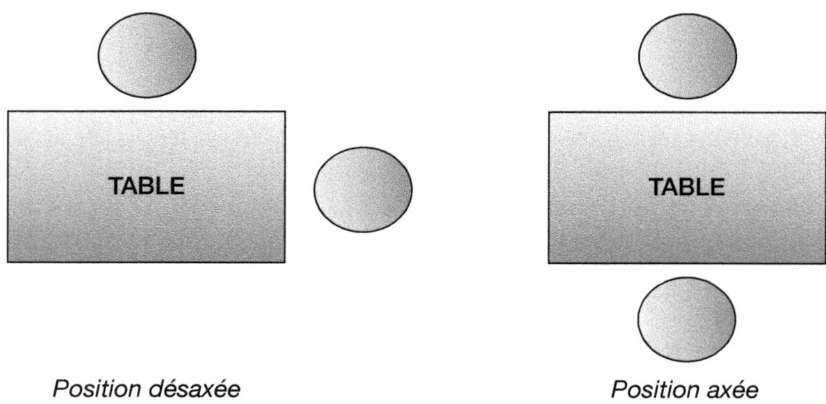

Graphique 4 – Agencement des positions

Si le contact est debout, sans obstacle entre les deux parties, la distance physique devient alors déterminante. Edward T. Hall a défini cette notion sous le terme de *proxémie*[1].

Au travers de ses recherches, il a observé que la proxémie différait selon les cultures. Dans les pays latins où le contact physique est fortement marqué, les distances entre les personnes sont plus courtes que dans les pays nordiques ou au Japon.

Edward T. Hall a établi une territorialité reposant sur la combinaison de deux facteurs : la faculté perceptive et la dimension socioculturelle de l'individu. Ainsi, nos interactions sont régies par des bulles ou sphères invisibles reconnues de tous. Elles sont au nombre de quatre.

- La sphère intime : moins de 45 cm. Elle définit les relations sexuelles, intimes, familiales ou amoureuses.
- La sphère personnelle : entre 45 et 125 cm. Elle définit la confidence, les discussions personnelles et amicales.
- La sphère sociale : entre 125 et 360 cm. Elle définit les relations interpersonnelles, sociales et formalisées dans le cadre du travail.
- La sphère publique : supérieure à 360 cm. La distance est oratoire.

---

1. Edward T. Hall, *La Dimension cachée*, Seuil, 1984.

Cette hiérarchisation territoriale doit bien évidemment être relativisée par la spécificité du contexte. Prendre l'ascenseur avec des étrangers, par exemple, ne peut être considéré comme relevant de la sphère intime. La promiscuité émane de la cabine d'ascenseur et non d'une volonté des individus de se rapprocher.

En négociation, il est important d'identifier rapidement la distance recherchée par la partie adverse. Cette distance sera dépendante des facteurs suivants.

* L'environnement socioculturel : c'est l'environnement dans lequel l'individu baigne et qui a structuré son éducation sociale. *Exemple : interlocuteur méditerranéen privilégiant une distance courte.*

* La volonté de l'interlocuteur : si l'environnement socioculturel peut structurer la proxémie, cette dernière peut être altérée selon les velléités de l'individu. *Exemple : interlocuteur désirant volontairement marquer la distance pour afficher une position antagoniste.*

* Le caractère idiosyncrasique : si l'environnement socioculturel peut définir la proxémie d'une région ou d'un pays, les individus se caractérisent tout de même par leur singularité. Ainsi, une sphère intime peut s'étendre à 70 cm chez certains individus par exemple.

Une fois la proxémie nécessaire identifiée par le négociateur, il doit faire en sorte de la respecter pour éviter tout écueil.

Un rapprochement involontaire pourra être considéré comme une intrusion, avec des répercussions importantes sur les négociations. *A contrario,* un éloignement accidentel pourra être interprété comme de la désinvolture ou de la défiance par la partie adverse.

Le contact auditif

Le contact peut être également auditif. Il peut se traduire par l'utilisation du téléphone ou d'un porte-voix ou encore de la voix derrière un mur. Le contact oculaire étant absent, le *verbal* et le *paraverbal* s'arrogent alors l'essentiel de l'attention.

Le langage verbal rassemble ce qui touche aux mots : les prédicats, la rhétorique ou encore le choix des mots. Un négociateur jouissant d'une réelle aisance verbale, tout en ayant l'intelligence de l'adapter à l'interlocuteur et à la situation, se mettra dans de meilleures dispositions qu'un négociateur se gargarisant de termes inappropriés ou souffrant d'un stock verbal extrêmement pauvre.

Le langage paraverbal englobe la prosodie, la tonalité, le débit ou encore la spontanéité. Sa fonction est d'accompagner la voix et de rythmer le discours, que ce soit sous forme d'emphases ou de réserves.

> Un braquage tourne mal dans la région niçoise. Les deux ravisseurs, cernés, retiennent en otage une jeune femme. Lors du premier contact téléphonique, le ravisseur qui exprime ses premières revendications révèle un très fort accent méditerranéen. Le chef du groupe de négociation décide alors de mettre en avant un négociateur à l'accent similaire pour créer un contexte favorable. Rapidement, un lien se crée entre les deux sujets. Les ravisseurs finiront par se rendre deux heures plus tard.

Dans le cadre d'un contact auditif, il est fortement conseillé de mettre en avant des négociateurs oralement à l'aise. Si le contact visuel offre la possibilité de compenser un déficit d'aisance verbale par l'*influence* dégagée *via* le comportement, la tenue vestimentaire ou encore un visage affable, ce n'est pas le cas du contact auditif. Par conséquent, au-delà du contenu, la voix et les mots définissent à eux seuls le pouvoir exercé sur la partie adverse.

L'attitude positive

Le négociateur doit être capable de modeler son comportement pour le rendre dynamique et positif aux yeux de son interlocuteur. Ce qui sous-entend être résolument prêt à adopter une attitude **bienveillante** quelle que soit la nature du conflit.

Il est aisé et surtout naturel de se synchroniser sur un interlocuteur avenant.

Dans une situation sensible où la partie adverse fait preuve de mauvaise foi flagrante, assortie d'injectives déstabilisantes, l'attitude positive prend alors tout son sens et fait souvent la différence. Dans bien des cas, cela consiste à aller contre nature, les émotions prenant le pas sur la raison. Mais jouer le jeu d'un interlocuteur belliqueux ne mènera qu'à l'escalade avant d'aboutir à une impasse.

Créer un environnement favorable au dialogue et à la résolution du conflit passe également par une attitude résolument **disponible**. Montrer à son interlocuteur que le temps n'a pas d'emprise sur le moment présent est un véritable gage d'ouverture. Fréquemment, les individus en crise, simplement énervés ou encore contrariés ont un besoin irrépressible de vider leur sac. Le manque de disponibilité se traduirait par la volonté d'abréger leur logorrhée. La disponibilité s'exprime dans l'attention portée et le temps accordé.

Le négociateur doit également faire preuve de **calme** et de **stabilité**. Par définition, les comportements erratiques et agités inquiètent alors que les attitudes posées et pacificatrices rassurent. Plus le négociateur sera capable de montrer de la sérénité, plus il donnera l'impression de maîtriser la situation, ce qui aura pour conséquence de sécuriser son interlocuteur dans un premier temps pour ensuite l'apaiser dans un deuxième temps.

Le **respect des codes** est un élément également essentiel. Cela peut se traduire par l'application du protocole dans le cadre d'une négociation diplomatique ou tout simplement par le port de la cravate face à des interlocuteurs exigeants sur la tenue vestimentaire. Occulter les codes peut être doublement pénalisant. D'une part, le négociateur manque l'opportunité de faire bonne impression, et généralement elle ne se présente qu'une seule fois, et, d'autre part, il court le risque de se mettre en position défavorable, ce qui profitera naturellement à la partie adverse.

Lors d'une négociation commerciale, le fournisseur d'une marque de sport décide de rencontrer son acheteur en jean et baskets, pour créer de la proximité et mettre en avant l'ADN de sa marque. Lors du premier rendez-vous, l'acheteur, tiré à quatre épingles, s'offusque de cette tenue, le fait remarquer au fournisseur et le somme de quitter son bureau. Plus tard, le fournisseur apprendra à ses dépens que son acheteur estime toute tenue non appropriée comme un manque flagrant de respect.

Et, enfin, l'élaboration d'un contexte favorable passe par la **qualité de la préparation** et la **tenue des dossiers**. Maîtriser un sujet provoque deux choses chez l'interlocuteur : la considération et l'écoute. Ce sont les premiers pas vers la légitimité.

Tous ces facteurs convergent vers un objectif commun : la **dynamique de confiance**. Dans des situations extrêmement conflictuelles, le négociateur, crédible aux yeux de la partie adverse, sera toujours considéré comme un phare éclairé au milieu de la tempête. C'est précisément la confiance qui permettra de déverrouiller les portes jusque-là fermées et d'établir un lien pérenne.

Sans confiance, la relation n'existe pas. Renouer les fils du dialogue, empêcher un ravisseur d'exécuter un otage, construire une relation commerciale ou encore gérer une relation interpersonnelle conflictuelle n'est possible qu'en instaurant une dynamique de confiance entre les parties prenantes.

Le premier contact

Il convient de considérer un dernier élément pour se mettre dans les meilleures dispositions avant d'initier la négociation : la préparation du contact.

Les premiers mots et les premières phrases échangés vont être déterminants, notamment dans les négociations dites sensibles, la partie adverse cherchant à s'engouffrer dans toute faille affichée. Pour cela et afin d'éviter tout écueil, il est fortement recommandé de préparer, voire de consigner par écrit ses premières phrases et d'anticiper les premières objections potentielles.

Une bonne préparation œuvrera à développer le phénomène psychologique dit d'*ancrage,* qui se traduit par l'impression générée chez l'autre et la difficulté pour lui de s'en départir. Ce qui veut dire que plus le négociateur sera efficace sur le premier contact, plus il bénéficiera d'une aura positive pour la suite. *A contrario,* une prise de contact désastreuse sera fortement préjudiciable pour le déroulement de la négociation.

La conduite technique

Par *conduite technique*, le négociateur entend se doter d'outils adéquats pour faire face aux différents aléas d'une situation donnée. Lorsque la technique est appropriée, le négociateur sera en mesure de comprendre les motivations réelles de la partie adverse, de garder la main sur la négociation et de présenter un rempart face aux différentes techniques déstabilisantes.

La qualification de l'information

Une des premières difficultés rencontrées par le négociateur est la multitude et la pluralité des informations «envoyées» par la partie adverse. Les négociations se caractérisant par une relation communicationnelle, les propos se livrent aussi bien en abondance qu'en hétérogénéité.

La tâche du négociateur est de segmenter ces informations et de leur attribuer une valeur, afin d'**identifier** les éléments sur lesquels il pourra capitaliser et ceux qui ne présenteront qu'un intérêt marginal.

Les informations à *faible valeur ajoutée* se situent en marge de la négociation. Par définition, elles n'apportent rien ou très peu au négociateur: discours stérile «pluie et beau temps», rhétorique maladroite, jugement de valeur, réflexions inappropriées… Même si le négociateur se doit de faire preuve d'empathie, il les écartera de la conversation, en réorientant le débat sur des éléments qu'il pourra mettre à profit.

Les informations à *forte valeur ajoutée* constituent le cœur de la négociation. Elles sont riches de sens et de contenu, même si leur valeur peut paraître relative aux premiers abords: demande, menace, réflexions, éléments de contexte, historique du dossier… Le rôle du négociateur est alors de défricher ce qui est en surface pour comprendre les motivations et les objectifs de la partie adverse.

La compréhension de l'information

Une fois ce travail de tri effectué, le négociateur va «creuser l'information» pour en extraire la substance: sa signification.

À ce titre, les travaux de Carl Rogers, psychologue américain clinicien et humaniste du XXe siècle, sur l'empathie et l'écoute active sont particulièrement intéressants parce qu'ils présentent l'avantage d'être transposables dans l'univers de la négociation. Son approche, centrée sur la personne, revêt une dimension toute particulière, puisque le thérapeute se doit de faire preuve d'écoute empathique, d'authenticité et de non-jugement pour entrer en relation et développer un lien pérenne avec son patient.

Dans le cadre de la négociation complexe, cette démarche trouve un écho significatif, que ce soit dans la neutralisation de profils difficiles ou l'identification des intérêts de la partie adverse.

Le Larousse propose la définition suivante de l'empathie : « Faculté intuitive de se mettre à la place d'autrui, de percevoir ce qu'il ressent. » Cette définition servira de toile de fond aux techniques exposées ci-dessous.

La synchronisation physique

Également connue sous le nom d'*effet miroir*, la synchronisation physique a pour objectif de se rapprocher des composantes comportementales exprimées par l'interlocuteur. Le négociateur adopte alors des attitudes non verbales qui seront captées inconsciemment par la partie adverse. Cela peut consister par exemple à imiter le rythme de la poitrine ou à suivre les hochements de tête.

Bien exécutés, ces mouvements seront imperceptibles pour l'œil de l'interlocuteur. En revanche, son inconscient capturera la *mélodie comportementale* et provoquera un apaisement général sur un individu souffrant d'un débordement émotionnel ou créera plus rapidement de la proximité avec un interlocuteur avenant.

La synchronisation verbale

La synchronisation verbale, quant à elle, tend à emprunter les prédicats utilisés par l'interlocuteur pour permettre une mise à niveau rapide. Les politiciens s'aliènent très souvent le peuple, car ils entretiennent une rhétorique en inadéquation avec celle de leurs interlocuteurs. S'accorder sur la rhétorique de l'autre est à la fois un signal fort envoyé mais également l'assurance de provoquer l'écoute et la considération.

> Interlocuteur : « Ça fait maintenant deux jours qu'on n'est pas écoutés. Vous refusez le dialogue et vous vous cachez dans vos beaux bureaux alors que nous, on trime comme des porcs ! Faudrait penser un peu à regarder ce qui se passe sur le terrain ! Et après, vous vous étonnez qu'on fasse grève. Mais on n'a pas le choix. C'est du ras-le-bol ! »
>
> Négociateur « sans synchronisation » : « Visiblement, vous entretenez une frustration latente depuis quelques jours qui vous pousse à déconsidérer le management. Quel est l'objet exact de cette insatisfaction ? »
>
> Négociateur « synchronisé » : « Bon, visiblement, quelque chose ne va pas. Dites-m'en plus sur votre ras-le-bol que je comprenne bien. »

La paraphrase

La paraphrase consiste à volontairement répéter une phrase ou des bribes de mots, jugés importants par le négociateur. Cela permet de montrer l'intérêt porté aux propos de l'interlocuteur mais également de s'assurer de la bonne compréhension du sujet exposé.

> Interlocuteur : « J'ai l'intime conviction que vous me mentez ! »
>
> Négociateur : « Vous avez la conviction que je vous mens, c'est bien ça ? »

La paraphrase est particulièrement utile pour sensibiliser un interlocuteur difficile sur l'incohérence de ses propos ou l'impliquer émotionnellement lors de demandes irrationnelles. L'effet recherché est une résonance dans le psychisme de l'interlocuteur comme un retour de flammes. Le poids des mots utilisés devient alors un poids pour l'interlocuteur malgré lui.

La reformulation

Si la frontière peut sembler poreuse entre la reformulation et la paraphrase, la reformulation n'emprunte pas les mots utilisés par l'interlocuteur. Le négociateur choisit alors de reformuler le contenu de la phrase en usant de ses propres termes.

> Interlocuteur : « J'ai l'intime conviction que vous me mentez ! »
> Négociateur : « Vous ne me croyez pas ? »
>
> Interlocuteur : « Votre proposition ne me satisfait pas. »
> Négociateur : « Mon offre ne vous convient pas ? »

Il est important d'alterner paraphrase et reformulation. L'usage intensif de la paraphrase peut provoquer un sentiment d'agacement chez l'autre, ayant le sentiment que ses propos sont avant tout répétés au lieu d'être compris. La reformulation apporte de la souplesse dans le dialogue et une implication qui sera jugée plus personnelle par la partie adverse.

Le reflet

Le négociateur peut choisir de faire résonner un mot spécifique dans une séquence pour volontairement interpeller son interlocuteur et le pousser à se justifier. Cela provoque une rupture volontaire dans le dialogue, permettant au négociateur de reprendre la main sur la négociation.

> Interlocuteur : « C'est la troisième fois que je vous le répète ! »
> Négociateur : « Troisième ? »

L'écho

L'effet recherché par l'écho est semblable au reflet. Il est utilisé pour faire résonner le dernier mot d'une phrase, comme l'écho d'une voix dans une grotte qui ne projette que la fin d'une phrase.

> Interlocuteur : « La dernière fois, vos propos m'ont vraiment surpris ? »
> Négociateur : « Surpris ? »

Le silence

En règle générale, l'usage du silence est malheureusement peu observé en négociation. Il n'y a pas que la nature qui ait horreur du vide. De nombreux négociateurs ont une fâcheuse tendance à combler les trous de conversation pour deux raisons primaires : ne pas être mal à l'aise et ne pas rendre l'autre mal à l'aise.

Convenablement utilisé, le silence est une arme redoutable. Il permet de :

- créer une rupture dans un contexte tendu ;
- feindre la réflexion pour pousser la partie adverse à se livrer ;
- faire peser un point en particulier ;
- montrer que le négociateur n'est pas pressé.

L'abondement

Cette technique consiste à abonder dans le sens de son interlocuteur, afin de l'inciter à se livrer davantage. Elle se caractérise par l'usage d'étonnements à valeur encourageante.

> Interlocuteur : « Il m'a fallu deux jours pour m'en remettre ! »
> Négociateur : « C'est pas vrai ? »
>
> Interlocuteur : « Ce type ne me dit rien qui vaille. »
> Négociateur : « Ah bon ? »

Les questions ouvertes

À la différence des questions fermées qui appellent des réponses précises (oui ou non par exemple), les questions ouvertes sollicitent des réponses explicatives. De par leur fonction, elles ouvrent le discours avec pour objectif de récolter des informations supplémentaires. Les adverbes interrogatifs « comment » ou « pourquoi » sont très souvent utilisés dans le cadre de questions ouvertes.

> Interlocuteur : « Et je ne sais pas ce qui m'a pris, mais je l'ai frappé. »
>
> Négociateur : « Comment expliquez-vous ce geste ? »

Note sur le vouvoiement

Par définition, lors d'une première rencontre, le vouvoiement est indispensable, même si l'interlocuteur provoque rapidement le tutoiement. Tant que le négociateur ne connaît pas la raison de ce choix, il est fortement recommandé de maintenir le vouvoiement. La partie adverse pourrait simplement faire montre de bienveillance en cherchant à développer de la proximité. *A contrario*, elle pourrait volontairement créer un environnement sécuritaire fallacieux, propice à l'ouverture et au confort, pour ensuite adopter une attitude opposée si la situation venait à se dégrader.

Sauf si la partie adverse le demande expressément ou si la relation est de longue date, maintenir le vouvoiement protège le négociateur en cas de retournement de situation et exprime une marque de respect.
Un fournisseur est convoqué par son unique distributeur dans le cadre d'une demande de compensation de marge perdue. Le fournisseur dépendant entièrement du distributeur, le rapport de force est clairement déséquilibré. Dès le début du rendez-vous, le distributeur fait preuve d'affabilité et adopte le tutoiement, chose que le fournisseur n'avait jamais connue en six mois de relations commerciales. Il décide alors de s'adapter à son interlocuteur en choisissant également le tutoiement. Dix minutes plus tard, le distributeur profère calmement un ultimatum, que le distributeur tente d'écarter comme il peut. Le fournisseur change soudainement de ton et lui assène : « De quel droit me tutoyez-vous ? »

La conduite émotionnelle

La création d'un lien entre le négociateur et son interlocuteur n'existe qu'au travers d'une *relation émotionnelle*. Sans émotion, la communication se résume à un électro-encéphalogramme plat ou à demander l'heure à l'horloge parlante. Nous sommes avant tout des hommes animés de sentiments, ce qui nous distingue de la plupart des animaux.

Chaque homme, sauf pathologie rare, communique en exprimant des sentiments. Son visage se modélise en fonction de l'émotion, son rythme cardiaque accélère ou décélère selon les réactions physiologiques et il traverse une expérience subjective.

Le rôle du négociateur est d'identifier ces émotions pour ensuite les partager.

L'identification des émotions

Plus la négociation sera rythmée par la complexité, plus le corps et la voix seront enclins à communiquer des émotions. C'est l'enjeu qui provoque ces réactions notables. Sans enjeu, les émotions seront inexistantes ou très légèrement affichées.

Identifier les émotions de l'autre consiste à leur procurer un poids plus important qu'elles ne l'occupent dans le discours. Cette démarche empathique s'inscrit dans la compréhension des états subjectifs que peut vivre une personne. En pointant du doigt l'émotion et en la nommant précisément, le négociateur pénètre dans les pensées de l'autre, provoquant une résonance singulière dans son esprit.

Si l'identification cherche à comprendre ce qui peut animer une personne à un moment donné, en aucun cas elle ne doit cautionner les comportements. Cette segmentation est primordiale, sans quoi le négociateur perdrait toute lucidité. Comprendre la colère chez un individu n'a pas vocation à cautionner l'agression physique envers son collègue. Cette technique vise à déterminer les mécanismes ayant conduit à la colère, en incitant l'interlocuteur à se livrer.

Interlocuteur : « Je ne supporte plus ces conditions de travail. La pression du management, les objectifs revus toutes les semaines, les ragots dans les couloirs, je n'en peux plus ! Vous comprenez ce que je vous dis ?! »

Négociateur : « De ce que vous me dites, vous semblez profondément agacé par cette situation. »

L'identification des émotions nécessite un comportement résolument tourné vers autrui pour qu'il y ait *congruence* entre ce qu'exprime la voix et ce que communique le corps. C'est tout un ensemble qui crée une harmonie dans le discours. Si à tout moment un vecteur de communication entre en contradiction avec l'autre, la démarche sera perçue captieuse par l'interlocuteur, anéantissant l'approche émotionnelle du négociateur.

Le partage des sentiments

Une autre manière d'établir une relation émotionnelle est de décider de partager ses propres sentiments avec l'autre. Dans le cadre de la dynamique de confiance, cette technique présente un double avantage. D'une part, elle s'inscrit parfaitement dans une démarche empathique tournée vers l'interlocuteur. Et, d'autre part, elle expose plus grandement le négociateur qui décide à son tour et de son plein gré de livrer ses propres émotions.

Cette technique peut être utilisée pour faire écho à certains propos ou faire prendre conscience à des individus de la portée de leurs paroles.

> Interlocuteur : « Ça ne fait pas plaisir de vous le dire, mais je me vois contraint d'arrêter de travailler avec vous. Ça devient vraiment trop compliqué. »
>
> Négociateur : « Je vous le livre abruptement, je suis attristé par cette nouvelle. »

Faire parler ses propres sentiments renforce l'implication du négociateur en y ajoutant une dimension plus personnelle. Quel que soit l'interlocuteur, ces propos trouveront une résonance dans le psychisme de l'interlocuteur.

Le jeu des positions

Toute négociation est régie par un jeu de positions.

La position est le rapport qui s'établit entre deux interlocuteurs, faisant émerger un équilibre ou une asymétrie. Cette donnée structurante donne à la fois le ton de négociation mais procure également au négociateur suffisamment de visibilité pour adapter sa position en fonction de la problématique et de son interlocuteur.

Au cours d'une négociation, chaque partie tente de s'attribuer une position qui lui est favorable. Dans les situations sensibles où le rapport de force affiché est clairement déséquilibré, la partie jouissant du pouvoir s'arroge généralement une position dominante pour tirer profit de la situation existante. Quelle place doit alors occuper le négociateur ?

En premier lieu, il convient de qualifier les positions existantes. Elles sont au nombre de trois.

- La *position haute* : l'occupant cherche à prendre l'ascendant sur son interlocuteur. C'est la position utilisée dans le cadre de la confrontation, du passage en force ou pour soutenir des demandes coercitives.

- La *position intermédiaire* : l'occupant cherche à maintenir une relation positive, à l'écoute de l'autre. C'est la position utilisée dans le cadre de la recherche d'intérêts mutuels par les parties prenantes.

- La *position basse* : l'occupant cherche à paraître faible ou est véritablement soumis de par le contexte (rapport de force complètement déséquilibré, individu en état de choc émotionnel, interlocuteur désorienté…).

En négociation complexe, sauf si la tactique l'exige, le négociateur attendra de préférence que son interlocuteur se place dans le rapport pour adapter sa position en conséquence. Ce choix réactif permet au négociateur de se mettre dans les meilleures dispositions pour anticiper le cours des événements : volonté de ne pas aboutir, conflit en puissance, ultimatum, besoin de reconnaissance…

Comme au jeu, il est toujours plus simple de se prononcer quand les joueurs ont avancé leurs jetons.

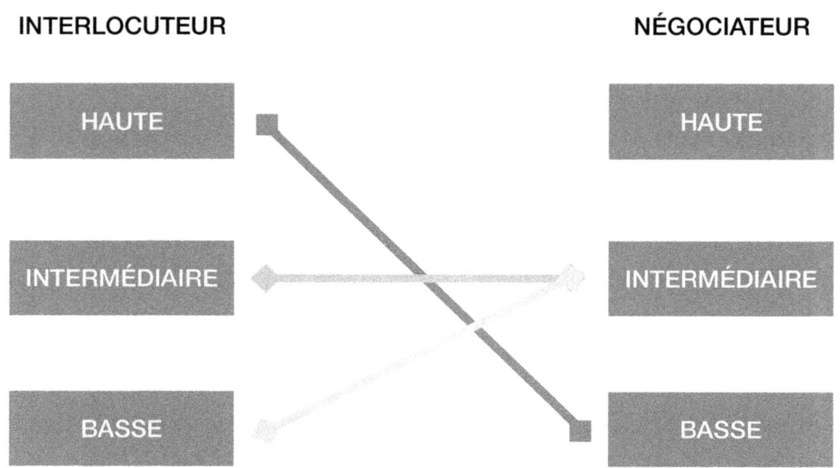

Graphique 5 – Étude des positions en négociation complexe

Cas 1 : l'interlocuteur affiche une position haute.

La position recherchée par le négociateur sera une position basse pour ne pas alimenter le conflit et ne pas porter atteinte à l'ego de son interlocuteur. Si le négociateur peut paraître volontairement faible pour faire la part belle à son interlocuteur en cédant sur la forme, il n'en demeure pas moins qu'il devra mener la négociation pour rester maître sur le fond.

Le rapport est considéré dans ce cas précis comme *complémentaire*.

Cas 2 : l'interlocuteur affiche une position intermédiaire.

En réponse, le négociateur affiche la même position pour ne pas altérer la fluidité de la relation. À noter que certaines séquences d'une tactique peuvent exiger l'usage de la position haute de façon temporaire pour accélérer un processus en cours ou provoquer une décision rapide.

Le rapport est considéré dans ce cas précis comme *symétrique*.

Cas 3 : l'interlocuteur affiche une position basse.

En négociation complexe, la position basse est très souvent synonyme de perte de lucidité ou de moyens. Le négociateur, pour paraître crédible et espérer «relever» son interlocuteur, doit alors afficher une position intermédiaire, fondée sur l'écoute et la prise en compte de la problématique.

Le rapport est considéré dans ce cas précis comme *complémentaire*.

L'intuition

En négociation, il est une réalité partagée de tous : plus la masse d'informations est abondante et difficile à déchiffrer, plus la pensée rationnelle laisse la place à l'intuition.

L'intuition est un ressort psychologique qui propose une connaissance directe et immédiate sans recours au processus cognitif. Elle émerge par conséquent hors du cadre de la pensée rationnelle, en s'imposant sur la situation en cours.

Si les philosophes peuvent encore débattre sur les mécanismes, la négociation complexe montre que l'intuition s'alimente d'informations émanant de souvenirs enfouis ou de perceptions enregistrées. Ainsi, face à la complexité, un négociateur aguerri, ayant appris de l'expérience, fera généralement davantage preuve de perspicacité dans ses jugements intuitifs qu'un négociateur novice. Cela s'explique par les échecs et les succès passés, qui seront autant de mises en garde que de reflets positifs, stockés dans l'inconscient du négociateur, qui feront un jour surface lors d'une situation présentant des composantes semblables à une situation déjà vécue.

L'intuition est le jeu de jambes indispensable au négociateur pour décider sereinement quand la pensée n'est plus capable de traiter et d'analyser la complexité des informations, souvent contradictoires entre elles, ou imposant une prise décision immédiate. Comme le soulignait André Suarès, « l'intuition est une vue du cœur dans les ténèbres ». Elle éclaire quand la lumière disparaît.

La limite de l'intuition est cependant sa subjectivité. Elle est très souvent le fruit de l'interprétation d'une personne, la rendant d'autant plus « frivole » aux yeux des autres. Il est par conséquent recommandé de faire partager une intuition avec son équipe. Même si son essence l'empêche d'être « décortiquée », à l'inverse de la pensée cartésienne, elle présente toujours en surface des bribes d'informations rationnelles, qui permettront de nourrir la réflexion générale.

Les freins à la relation

Si Jean-Paul Sartre soulignait « l'enfer, c'est les autres »[1], **en négociation il n'est pire ennemi que nous-mêmes**. Nous sommes des êtres humains, sujets aux émotions, aux raccourcis cognitifs, aux préjugés, aux erreurs de jugement ou aux faux pas communicationnels. Autant d'éléments qui peuvent nous nuire dans la relation avec autrui.

Plus le négociateur prendra conscience de ces dangers potentiels, plus il sera capable de s'en protéger.

Les prédicats négatifs

Chaque message véhiculé par le négociateur revêt un *cœur* et une *écorce*.

Par *cœur*, on entend le fond du message, son contenu, sa portée symbolique, sa capacité à ouvrir la réflexion. L'*écorce*, quant à elle, définit son relief, sa dimension émotionnelle, la faculté à relativiser le contenu.

Le cœur et l'écorce s'attribuent une part égale dans un message, chacun ayant la possibilité d'exercer un pouvoir sur l'autre. À titre d'exemple, communiquer un message de paix en usant de prédicats liés à la guerre ou au crime n'aura très certainement pas la portée escomptée. Dans ce cas, l'écorce s'aliène le cœur, en marquant l'incongruence.

En négociation complexe, le risque encouru est l'usage intensif de prédicats négatifs. Non seulement ils dévalorisent la portée des messages, mais également confèrent au négociateur une aura qui peut être perçue de façon négative. Très souvent, le négociateur intervient pour trouver une solution ou solliciter en l'autre des ressources jusque-là indisponibles. C'est précisément la fonction de l'attitude positive, qui doit trouver un soutien dans l'usage à bon escient des prédicats.

1. Jean-Paul Sartre, *Huis clos*, 1947.

> Interlocuteur : « Je vous le répète, sans ces 20 000 euros que je vous demande, je stoppe toutes mes commandes ! J'arrête tout, vous comprenez ? »
>
> Négociateur inefficace : « Écoutez, je *ne* vais *pas* vous le cacher, cela va être *difficile* de trouver 20 000 euros, surtout dans le contexte de *crise* actuel. »
>
> Négociateur efficace : « 20 000 euros, c'est une *belle* somme. Dites-moi que je comprenne *bien*, pourquoi avez-vous besoin de ces 20 000 euros ? »

Les mots lourds de sens

Certains mots trouvent une résonance particulière dans l'esprit de l'autre quand ils sont prononcés. Ils provoquent malgré eux des réactions spontanées qui vont peser sur la conduite de la négociation et mettre le négociateur en danger potentiel.

« Oui »

L'usage du « oui » est à double tranchant pour le négociateur. Il est bien entendu à connotation positive, ce qui fluidifie naturellement la relation. Cependant, il porte en lui une dimension fortement impliquante, qui peut engager le négociateur trop rapidement. La négociation étant, entre autres, un jeu de concessions, il est important de savoir dire « oui » au bon moment, pour éviter de créer une relation de dépendance.

> Interlocuteur : « Donc vous êtes capable de m'aider sur le sujet ? »
>
> Négociateur (trop engagé) : « Oui. »
>
> Négociateur (protégé) : « Sauf erreur de ma part, cela me semble envisageable. »

Le OK en français a la même valeur que le « oui ». Par conséquent, les mêmes règles de précaution s'appliquent.

> Interlocuteur : « Écoutez, j'ai vraiment besoin d'un coup de main de votre part sur ce dossier. »
>
> Négociateur (trop engagé) : « OK. »
>
> Négociateur (protégé) : « Je vais voir ce que je peux faire. »

« Mais »

Le « mais » est véritablement un terme lourd de sens, qui peut fortement nuire à la relation, même quand le message véhiculé est à connotation positive. Pour user d'une image familière, c'est le coup de massue que l'on assène au coin d'une rue pour surprendre un ennemi.

Son premier défaut est de détériorer le sens du message. Sa présence impose une condition que l'interlocuteur devra subir malgré lui.

Son deuxième défaut est de provoquer des réactions vives et défensives. Dans le cadre de négociations sensibles, ces réactions risquent d'alimenter la position haute affichée par des profils difficiles, le négociateur tendant le bâton pour se faire battre.

Et enfin, dans bien des cas, le « mais » est un point de rupture, l'interlocuteur décidant de se couper volontairement de la suite du message.

Pour éviter ces écueils, il est nécessaire de remplacer le « mais » par le « et ». Le message devient alors fluide, la valeur de la condition s'en trouve allégée et l'écoute est préservée.

> Interlocuteur : « Donc vous êtes capable de m'aider sur le sujet ? »
>
> Négociateur inefficace : « Je veux bien vous aider mais j'attends de votre part… »
>
> Négociateur efficace : « J'accepte volontiers de vous aider et, pour cela, j'aurais besoin de… »

« Non »

Le « non » présente trois inconvénients majeurs.

D'une part, il met le négociateur en position difficile, ce qui le fragilise naturellement aux yeux de la partie adverse. Par principe, il n'est jamais évident de dire « non ».

D'autre part, cela force l'interlocuteur à contre-attaquer, ce qui, dans bien des cas, alimente son jeu.

Enfin, le « non » ferme définitivement la porte aux solutions innovantes et aux options possibles. La demande est enterrée par le négociateur, qui porte encore le poids de la décision.

Dans tous les cas, le négociateur s'expose fortement aux réactions agressives en usant du « non ».

Pour échapper à cette « cabale », il s'intéressera plutôt aux motivations de la partie adverse, en essayant de comprendre ce qui se cache réellement derrière les demandes exposées.

Le cadre de référence

Il est important de considérer que chacun structure sa propre réalité en fonction de son expérience, son éducation, sa religion, son genre, sa perception ou encore son état d'esprit au moment des faits. Ce qui explique par exemple l'hétérogénéité et la divergence des informations récoltées parmi les témoins assistant à une même scène de crime. En fonction de leur univers préférentiel, certains remonteront des odeurs, d'autres l'arme du crime, le nombre de coups de feu, le visage du suspect, les vêtements de la victime… Et il est intéressant de constater que même un élément partagé de tous peut provoquer des divergences d'observation. Ainsi, deux témoins ayant focalisé leur attention sur le visage du criminel pourront décrire respectivement un visage avec moustache et un visage sans moustache. Mentent-ils pour autant ? Non. La réalité est simplement déformée par le prisme de leur propre perception. Celui qui n'a pas vu la moustache aura sûrement repéré la couleur des yeux, ce qui aura pu échapper à l'autre.

En négociation, une erreur fréquemment constatée est l'occultation du cadre de référence de l'autre. À vouloir tout comprendre et comprendre trop vite, le négociateur s'expose au risque de calquer son propre modèle sur celui de l'autre et d'en tirer des conclusions hâtives et biaisées. L'analyse étant tronquée, le négociateur va porter un jugement sur la personne ou la problématique issu de son propre cadre de référence. La réalité de l'autre n'est par conséquent pas prise en compte.

Toute information transmise par la partie adverse est par définition relative. Elle est enveloppée de sentiments, modelée par la perception, renforcée par l'expérience ou encore façonnée pour atteindre un objectif. Ainsi, une demande rationnelle pourra être perçue comme irrationnelle par le négociateur, car elle s'inscrit tout simplement hors de son cadre de référence.

Un différend oppose deux nations de taille moyenne, respectivement nommées Alpha et Bêta dans un souci de confidentialité. Alpha cherche à consolider sa position militaire dans un pays limitrophe de Bêta. Pour cela, Alpha demande à Bêta la possibilité de faire transiter ses troupes pour une durée de deux mois dans une région appartenant à Bêta. Bêta accepte sous réserve d'un loyer mensuel de 1 million de dollars, soit un total de 2 millions de dollars pour l'opération. La demande jugée irrationnelle, sans fondement et irrecevable, les négociations s'enlisent rapidement, Alpha étant persuadé qu'une telle contrepartie financière est synonyme d'un poli refus.

L'intervention tardive d'un négociateur expérimenté a permis de relativiser le jugement d'Alpha. La région de Bêta est historiquement stratégique. Depuis des siècles, elle est convoitée par différents pays pour ses ressources en eau, ses terres fertiles et sa position de carrefour. Les précédents gouvernements ont toujours demandé de lourds tributs, proches de la demande de Bêta, pour autoriser la traversée, l'exploitation ou l'implantation de sociétés étrangères. Bêta considère ainsi qu'il est dans son bon droit. C'est son cadre de référence, ce qui a échappé à Alpha.

Une manière d'entrer dans le cadre de référence de l'autre est de considérer la légitimité potentielle de toutes les demandes. Si beaucoup d'entre elles restent des positions affichées ou des demandes de façade, certaines peuvent s'inscrire dans le cadre de référence de la personne. Pour cela, le négociateur devra faire preuve d'empathie, voire de compassion par moments, pour comprendre les mécanismes ayant conduit à de telles revendications. Compassion signifie en latin «souffrir avec». Elle est fréquemment utilisée dans le cadre de thérapies pour entrer en relation avec des patients difficiles.

Si la demande peut revêtir un caractère rationnel mais demeure pour autant inatteignable, le négociateur pourra inciter l'autre à sortir momentanément de son cadre de référence. L'objectif recherché est la prise de conscience, qui pourra altérer la position tenue par la partie adverse. Le négociateur n'essaiera pas de persuader l'autre que son point de vue est meilleur. Il fera en sorte de déplacer le point focal de telle sorte que l'interlocuteur puisse considérer par lui-même que sa demande peut être perçue comme illégitime dans un autre contexte.

Les questions fermées

Les questions fermées appellent des réponses précises, réduisant par conséquent le champ du dialogue. Sur des interlocuteurs mutiques ou des individus peu enclins à se livrer, la question fermée est à éviter, sauf si l'intention du négociateur est de vérifier une information qu'il connaît déjà ou qu'il vient d'apprendre.

> Négociateur : «Donc, vous ne voulez pas me parler ?»
> Interlocuteur : «Non.»
>
> Négociateur : «Pourquoi ne voulez-vous pas me parler ?»
> Interlocuteur : «Parce que j'ai autre chose à faire !»
> Négociateur : «C'est-à-dire ?»

Par nature, les questions fermées limitent la recherche d'informations, souvent primordiales à la compréhension d'un conflit. Beaucoup de négociateurs les utilisent par mégarde et se retrouvent face à une réponse binaire qui peut les bloquer : «oui» ou «non». S'ensuit un silence ou une prise de pouvoir de la partie adverse, qui déstabilise le négociateur.

Sauf si la volonté est de confirmer un point, il convient d'utiliser par défaut des questions ouvertes pour ouvrir et orienter le dialogue en conséquence.

Faire perdre la face

Un des principes de base de la négociation est de préserver l'ego de la partie adverse. Sans la prise en compte de cette donnée, les meilleures solutions ou les meilleures intentions risqueront d'être balayées d'un revers de la main comme un vulgaire château de cartes.

L'ego est la conscience que l'on a de soi-même. Si la corrélation n'est pas toujours observée, on notera cependant que plus l'Homme sera en mesure d'exercer un pouvoir sur l'autre, plus sa propension à avoir un ego développé sera forte. Le corolaire étant que, chaque fois que son ego s'en trouvera écorché, il cherchera à tout prix à le rétablir d'une manière ou d'une autre.

En négociation complexe, la préservation de l'ego de l'autre est un axiome absolu. Il doit être considéré comme une «terre sacrée» que le négociateur ne piétinera jamais.

Pour cela, le négociateur devra toujours considérer le contenu de ses messages et de ses propositions sous l'angle de l'ego de son interlocuteur.

> Interlocuteur : «Je ne comprends pas, je n'obtiens pas le même résultat que vous et je peux vous garantir que je ne me trompe jamais !»
>
> Négociateur inefficace : «Visiblement, vous vous êtes trompé dans le calcul. Regardez, vous avez soustrait ou lieu de diviser, c'est normal.»
>
> Négociateur efficace : «Écoutez, je vous propose que l'on reprenne ensemble le calcul.»

Par définition, l'ego sera toujours préservé si l'interlocuteur s'approprie un message lui-même. C'est précisément le rôle du négociateur que d'orienter le discours vers la prise de conscience.

La clôture

Une fois l'accord trouvé, il est important de savoir respecter certaines étapes. Tout manquement pourra donner lieu à la réouverture des portes de la négociation, dont pourrait profiter la partie adverse. En verrouillant les serrures, le négociateur s'assure non seulement de la bonne adhésion de son interlocuteur à la solution négociée mais également de sa bonne application.

Rendre les choses simples

Le négociateur doit faire preuve de pédagogie et de mise à niveau dans le seul but de rendre l'accord compréhensible et simple d'application pour la partie adverse. Plus le négociateur sera capable de proposer une solution clé en main, nécessitant par voie de conséquence peu d'efforts pour son interlocuteur, plus ce dernier sera en mesure d'accepter l'idée.

Par nature, l'Homme choisira le chemin le plus court pour atteindre son objectif. Ainsi, offrir une solution «courte de portée» qui satisfasse les intérêts de son interlocuteur provoquera toujours plus de considération et d'adhésion qu'une solution complexe et lourde à mettre en pratique.

S'assurer de la bonne compréhension

Reformuler le contenu d'un accord est indispensable pour s'assurer de sa bonne compréhension auprès des parties prenantes. Ce travail de contrôle permet de :

- vérifier qu'aucun point n'a été oublié ou négligé par les parties ;
- ne pas laisser la place au doute ;
- vérifier que le négociateur accepte la totalité de l'accord ;
- vérifier que l'interlocuteur accepte la totalité de l'accord ;
- obtenir l'adhésion définitive de l'interlocuteur.

Certains négociateurs redoutent cette phase, ayant le sentiment qu'une redite des points clés provoque une remise en question de l'accord par la partie adverse. C'est une erreur de jugement. Si l'interlocuteur se manifeste lors de la phase récapitulative, c'est qu'il se serait manifesté plus tard. De plus, cette étape évite que l'interlocuteur rouvre la négociation par la suite sous prétexte d'une prétendue mauvaise compréhension d'un élément du dossier.

Obtenir un engagement ferme

Il est ensuite nécessaire de verrouiller l'accord accepté de tous en obtenant un engagement ferme et définitif des parties prenantes. Selon le contexte, l'engagement revêtira une forme spécifique : signature d'un contrat, reddition du ravisseur, passage devant une cour de justice, engagement moral…

Le sceau ainsi apposé, les parties se quittent généralement, chargées de sentiments qui leur sont propres.

S'assurer de la bonne application

La dernière étape consiste en une phase de suivi afin de s'assurer de la bonne application de l'accord.

Il existe malheureusement des cas où la signature ne suffit pas, même si sa valeur est reconnue devant la loi et les tribunaux. Le négociateur doit alors déployer les moyens qu'il juge nécessaires en accord avec le décideur pour faire appliquer l'accord. On assiste généralement à la réouverture des portes de la négociation…

Chapitre 4

LES FACTEURS DE COMPLEXITÉ

Une négociation s'oriente vers une voie positive dès lors que les parties prenantes ont pour volonté de partager leurs objectifs et intérêts respectifs. En découle alors un processus décisionnel plus rapide qui permet de satisfaire les motivations des forces en présence.

Malheureusement, certains individus vont, volontairement ou non, dresser des obstacles au bon fonctionnement des négociations. Ces obstacles sont qualifiés de *facteurs de complexité*. Même s'ils sont nombreux, d'intensité variable et répondant à des objectifs spécifiques, ils portent tous en eux un caractère déstabilisant. Dans bien des cas, cela se traduit par une lucidité mise à mal, un ego écorché, de vives réactions émotionnelles ou encore des réponses comportementales et stratégiques compromettant et envenimant le déroulement de la négociation.

Pour aborder efficacement ces facteurs de complexité, il est primordial de respecter des protocoles clairement définis. Non seulement le négociateur pourra les écarter de son chemin, mais également son jugement ne s'en trouvera pas altéré.

La menace

Définition

La menace en négociation est une demande formulée à l'écrit ou à l'oral, par un interlocuteur ou un intermédiaire, à laquelle s'adjoint une notion de pression. Elle revêt généralement un caractère coercitif.

Types

Il existe différents types de menaces, catégorisables selon leur expressivité et leur fonction.

La menace offensive

La menace offensive vise à satisfaire les exigences affichées de l'interlocuteur. Elle ne répond à aucune règle de séquençage, sachant qu'elle peut être proférée aussi bien au début qu'en fin de négociation.

Exemple : «Si vous ne me donnez pas 100 000 euros, j'arrête de travailler avec vous !»

La menace défensive

La menace défensive s'exprime en réponse à un événement ou à un contexte particulier. C'est généralement un changement de faible ou forte intensité qui va provoquer l'adoption d'une attitude défensive.

Exemple : «Si vous répétez une nouvelle fois ce que vous venez de dire, vous assisterez à un débrayage immédiat de l'usine. C'est bien compris ?»

La menace larvée

La menace larvée ne met pas l'emphase sur des revendications spécifiques mais vise plutôt à faire écho dans le psychisme du négociateur. Très souvent exprimées par de la froideur, ce sont généralement les plus sérieuses et les plus réalistes parmi toutes les menaces existantes.

Exemple : «Non? OK, maintenant préparez-vous aux conséquences.»

La menace inconditionnelle

La menace inconditionnelle est dite «à sens unique» puisqu'elle n'exige aucune contrepartie apparente. L'individu qualifie ses revendications sans formuler de conditions nécessaires à son inexécution, fermant ainsi la négociation.

Exemple : «J'arrête de travailler avec vous.»

Fonctions

Parmi les facteurs de complexité régissant les négociations sensibles, la menace est très certainement «l'outil» le plus usité par la partie adverse. On distingue trois grandes fonctionnalités à la menace.

Le contrôle

De par son pouvoir naturellement coercitif, la menace permet une prise de contrôle rapide sur une situation donnée. Il peut s'agir de maintenir un rapport de force volontairement favorable ou d'inverser une asymétrie préjudiciable. Quelle que soit la raison, la menace vise à s'octroyer une position dominante, permettant d'exercer un contrôle relatif sur la partie adverse.

La pression

La menace se caractérise également par la pression supplémentaire qu'elle fait peser sur la négociation. L'effet recherché chez l'autre est l'altération du jugement, la prise de décision accélérée et finalement la soumission aux revendications.

La peur

La menace peut également avoir vocation de charrier la peur dans son cortège déstabilisant. En formulant délibérément des mots lourds de sens, elle met l'emphase sur des notions chères et valorisées par la partie adverse. Provoquer le sentiment de «perdre quelque chose» est une attaque psychologique qui peut contraindre l'autre à revoir, malgré lui, sa stratégie en intégrant une perte potentielle.

À privilégier

Traiter une menace efficacement nécessite un protocole adéquat.

En premier lieu, il convient de ne pas interférer dans la formulation d'une menace. Le négociateur doit laisser son interlocuteur s'exprimer pleinement pour que ses mots résonnent chez tous ceux qui sont capables de l'entendre. Dans 10 % des cas, ceux qui profèrent des menaces ne prennent réellement conscience de la portée de leurs mots qu'au moment de la formulation. Le silence joue ainsi comme une «caisse de résonance», ce qui peut provoquer une prise de conscience tardive et donc un changement positif de comportement.

La position est déterminante également. Sachant que l'interlocuteur cherche à s'adjuger une position dominante, il est fortement recommandé d'adopter une position basse pour éviter la confrontation. Cela permet de montrer à l'individu qu'il contrôle la situation, du moins en apparence. **Il est primordial de savoir transiger sur la forme pour rester maître du fond.** C'est très souvent le prix à payer.

Un autre élément à prendre en compte par le négociateur est la motivation de la partie adverse. Pourquoi a-t-il décidé de proférer cette menace ?

Pourquoi maintenant ?

Quel est son objectif derrière cette demande coercitive ?

Cherche-t-il à se protéger ou à prendre simplement l'initiative ?

Au regard du contexte, cette menace est-elle crédible ou montée de toutes pièces ?

À éviter

Afin d'éviter une mise à exécution de la menace, certaines règles fondamentales sont à considérer.

La première erreur communément observée est l'abstraction volontaire de la menace. Face à certaines menaces exigeant des contreparties très élevées ou démesurées, certains choisissent de ne pas y répondre, même si la menace peut mettre à mal leurs intérêts. L'interlocuteur, sentant que la situation lui échappe, décide alors de mettre sa menace à exécution pour ne pas perdre la face, même s'il n'avait pas forcément l'intention de le faire. Pour éviter une situation qui se résumerait à un combat d'ego, il est primordial de toujours répondre à une menace.

Une deuxième erreur fréquemment commise consiste à tester la menace. L'analyse du contexte prouvant que la menace se révèle peu crédible, certains décident de la tester, comme un aiguillon qui piquerait un taureau. Cette réponse serait immédiatement perçue comme une provocation qui ne ferait qu'aggraver la relation actuelle, l'individu cherchant à rétablir son ego écorché par tous les moyens.

Si l'adoption de la *position basse* est fortement recommandée, la position haute est à éviter. L'individu ne parvenant à prendre l'ascendant sur le négociateur, il n'aura de cesse de vouloir s'élever en multipliant les demandes coercitives voire les ultimatums. L'escalade serait destructrice pour les parties en présence.

Et, enfin, il est conseillé de ne pas contre-menacer pour éviter de jouer le jeu de la partie adverse, surtout si le négociateur a plus à y perdre. La contre-menace serait vécue comme des représailles, ce qui accélérait le processus de mise en œuvre de la menace.

L'ultimatum

Définition

L'ultimatum est une menace qui impose une contrainte de temps et/ou une exigence à caractère définitif. Les ultimatums font généralement suite à des menaces non abouties.

Types

On peut distinguer deux types d'ultimatums.

L'ultimatum temporel

L'ultimatum temporel se caractérise par une menace agrémentée d'une contrainte de temps. Généralement, la demande est très élevée et l'espace-temps suffisamment réduit pour imposer une prise de décision rapide.

Exemple : «Vous avez exactement trois heures pour m'apporter une réponse.»

La sommation définitive

L'ultimatum peut également revêtir un caractère définitif sans pour autant s'inscrire dans une limite de temps. Le choix proposé est généralement binaire et à conséquences radicales.

Exemple : «Soit vous payez, soit on arrête de travailler ensemble.»

Fonctions

L'ultimatum porte les gènes de la menace, affichant des fonctions identiques : prise de contrôle, augmentation de la pression et introduction de la peur. Cependant, de par sa nature, il dépasse le champ d'action de la menace en y apportant une dimension encore plus contraignante pour le négociateur. Celle-ci se traduit par la réduction drastique de la marge de négociation, qu'elle soit liée à une limite de temps ou à une sommation définitive. Le négociateur est alors souvent confronté à des choix apparents qui exigent des sacrifices déterminants.

La contrainte de temps imposée est un élément fondamental pour précipiter la prise de décision dans un environnement incertain et conditionné par la peur. La pression également pèse sur le jugement et brouille la lucidité, mettant à mal la stratégie initialement élaborée.

En position fortement dominante, l'ultimatum est un outil particulièrement redoutable pour rendre crédible un bluff et espérer obtenir davantage et plus rapidement que la négociation traditionnelle.

À privilégier

Toutes les bonnes pratiques du traitement de la menace s'appliquent également à l'ultimatum.

La contrainte du temps, structurante dans l'ultimatum temporel, nécessite une approche particulière.

En premier lieu, le négociateur devra se comporter de telle sorte que l'interlocuteur ait le sentiment d'être le maître du temps et de mener la négociation. Pour cela, l'adoption de la position basse et le respect du séquençage temporel sont primordiaux.

Ensuite, il devra montrer qu'il s'efforce de trouver une solution dans le temps imparti, sans jamais faire référence à la contrainte temporelle imposée. Si le négociateur est capable de tisser un lien avec son interlocuteur et de s'inscrire comme négociateur crédible, l'ultimatum disparaîtra de lui-même. **L'ultimatum reste avant tout un moyen et non une finalité.** Tout l'enjeu de la négociation est de répondre aux intérêts cachés de l'interlocuteur en évacuant *techniquement* l'ultimatum, qui perdra par voie de conséquence sa substance. L'utilisation de l'ultimatum permet de répondre à un objectif (besoin de reconnaissance, obtenir un accord rapide, tester jusqu'où peut aller le négociateur…). Si le négociateur est capable de trouver l'objectif et d'y répondre, l'ultimatum n'aura plus de raison d'être.

À éviter

Les recommandations d'usage propres à la menace s'appliquent également à l'ultimatum.

> ### Note sur la menace et l'ultimatum
>
> Dans le cadre de l'analyse de la menace ou de l'ultimatum, une erreur communément observée est le refus ou le déni de la prise en compte de la logique de l'autre. En d'autres termes, le négociateur reste dans son cadre de référence et interprète la situation selon sa propre réalité : « Il n'a aucun intérêt à faire cela… » « S'il met sa menace en application, il a plus à perdre que nous de toute façon… » « Cela n'a aucun sens. » Si certaines exigences peuvent paraître irrationnelles, elles ne le sont pas forcément pour l'autre. Il est un principe de base en négociation : ma logique n'est pas forcément celle de l'autre. Par conséquent, il est primordial de toujours considérer une situation sous un angle différent, voire opposé, pour éviter des raccourcis qui conduiraient à des conséquences désastreuses.

Les insultes

Définition

Une insulte est un mot ou un groupe de mots à caractère agressif.

Types

Il existe deux types d'insultes.

Les insultes défensives

De nature émotionnelle, elles jaillissent spontanément sans processus cognitif particulier ni préméditation. Elles échappent généralement au contrôle de celui qui les profère, générant par moments un sentiment de culpabilité. Ces insultes sont dites défensives.

Les insultes offensives

A contrario, les insultes offensives s'inscrivent dans une stratégie préalablement définie. Elles répondent volontairement à un objectif spécifique.

Fonctions

Les insultes défensives ont pour vocation première de protéger celui qui les profère. La réaction étant soudaine et de type réflexe, le sujet exprime maladroitement son désaccord, sa colère ou encore sa frustration pour baliser son territoire.

Les insultes offensives sont beaucoup plus dangereuses, car elles sont le fruit de la raison.

Leur fonction première est de déstabiliser le négociateur en créant une rupture dans le dialogue. Mal à l'aise, le négociateur perd du terrain, ce qui peut profiter à la partie adverse à différents égards.

Également, en position haute, l'insulte est volontairement utilisée pour inciter le négociateur à entrer dans le jeu de son interlocuteur. L'effet recherché est une réaction de surenchère, qui aboutirait à l'escalade, pour finalement servir les intérêts de la partie adverse.

Si l'insulte peut provoquer la colère, elle peut aussi conduire à la peur chez certains sujets, se traduisant alors par une perte soudaine et dramatique de moyens. Le négociateur n'étant plus capable de se distancier de la forme du message, il s'implique malgré lui émotionnellement, en considérant que l'insulte lui est destinée.

À privilégier

Dans la plupart des cas, même si l'insulte projette de l'agressivité, il faut considérer que la partie adverse porte rarement un jugement à l'égard du négociateur. L'insulte vise avant tout une composante ou un ensemble d'éléments gravitant autour du négociateur : la société, la proposition, le management, l'entreprise, la politique commerciale… **En d'autres termes, ce n'est pas parce que le négociateur est la cible d'une insulte qu'il en est le destinataire.** Et même s'il en était le destinataire, il est toujours bon de considérer par défaut que le destinataire est tout autre pour prendre le recul nécessaire.

Face à une insulte, il est primordial de garder son calme et son sang-froid. Adopter une attitude qui ne privilégie pas la contre-offensive est le premier prérequis pour atténuer le niveau de tension. Si l'émotion peut parfois prendre le pas sur la raison, le négociateur se doit de contrôler ses pulsions défensives. Pour cela, il est fortement recommandé de ne pas interrompre son interlocuteur et de le laisser «vider son sac». Sans opposition, il parviendra par moments à se calmer lui-même. Dans le cas contraire, c'est l'escalade assurée.

Ensuite, face à une insulte, il convient d'exprimer et de qualifier expressément son ressenti. Cette méthode permet de provoquer la prise de conscience, voire la culpabilité, chez l'interlocuteur. Pour sensibiliser la partie adverse sur la gravité des propos, l'utilisation de «je» se révèle particulièrement efficace. «Je me sens humilié par de tels propos» est bien préférable à «vous m'insultez» pour maintenir le lien et conduire à la prise de conscience. L'utilisation du «vous», *a contrario*, redirige l'attaque vers l'interlocuteur sans «dimension d'écho» nécessaire à la diminution de la tension.

Certaines situations peuvent également justifier des levées de séance, si le négociateur estime que la limite a été dépassée : attaques personnelles, propos dévalorisants, menaces corporelles… La levée de séance permet de provoquer la rupture et de signifier officiellement que le négociateur ne souhaite pas poursuivre dans ces conditions. L'effet recherché est l'électrochoc et une base de négociation plus saine lors de la reprise des négociations.

À éviter

Un premier écueil observé est la contre-attaque dans le but de restaurer l'ego écorché. Dans la plupart des cas, les insultes sont offensives, donc à vertu manipulatrice. L'interlocuteur qui jouit d'une position haute tend un piège au négociateur en espérant qu'il rentre dans son jeu. Si ce dernier faillit, la relation s'envenime, très souvent au détriment du négociateur.

L'usage de l'ironie est fortement déconseillé. Une attitude condescendante volontairement affichée aura toujours une portée dévalorisante à l'encontre de la partie adverse. Si l'ego est malmené, l'interlocuteur cherchera toujours à le rétablir en usant de moyens plus coercitifs.

Et enfin, comme abordé plus haut, l'usage du « vous » est à éviter car il traduit la contre-offensive, en pointant du doigt l'interlocuteur et ses méthodes déloyales utilisées. Si la partie adverse a le sentiment d'être dos au mur, elle réagira avec plus de véhémence. D'où la nécessité de toujours adapter sa communication et sa rhétorique.

Le mensonge

Définition

Le mensonge est la volonté manifeste de tromper l'autre, sans le prévenir de son objectif.

Fonctions

C'est avant tout la situation et l'enjeu qui déterminent la fonction du mensonge.

Il est des cas où le mensonge peut servir de protection. L'individu, sentant que le cours des événements peut lui nuire, décide de mentir pour éviter le danger. Dans d'autres circonstances, la logique peut être liée au gain, sans pour autant qu'elle se cantonne à une dimension financière. Le mensonge permet alors d'obtenir davantage. Il peut également être utilisé comme moyen pour nuire à autrui, sans aucune dimension de gain, mais en répondant uniquement à des critères personnels. À l'inverse, dans certains cas, le mensonge peut accompagner des intentions bienveillantes, en masquant la vérité de peur qu'elle ne blesse la personne.

À privilégier

Dès lors que le négociateur est conscient de l'absence de véracité dans les propos de son interlocuteur, il se doit de respecter certaines règles pour éviter que la situation ne devienne préjudiciable. Ses actions devront converger vers un seul et même objectif : ne pas faire perdre la face à la partie adverse.

Un premier moyen consiste à faire en sorte que l'interlocuteur s'implique personnellement dans les messages véhiculés. Pour cela, le négociateur recentrera la négociation sur son interlocuteur, posant des questions nécessitant des réponses impliquantes : « Vous êtes sûr de ce que vous avancez ? » « Comment expliquer cela ? » « Quel est votre avis sur le sujet ? »... En contraignant la partie adverse à s'engager, soit elle décidera de réorienter le discours pour éviter d'être démasquée, soit elle continuera à fournir des détails qui seront autant d'éléments qui finiront par ternir les messages de contradictions, d'anachronismes ou d'incohérences. Quelle qu'en soit l'issue, cette méthode conduit à *la prise de conscience indirecte* : l'interlocuteur réalise que le négociateur doute de la véracité de ses propos, le contraignant à réorienter de lui-même le discours. Toute la grandeur de cette technique se résume à ne jamais pointer du doigt le mensonge, mais à créer un environnement qui induit la nécessité de changer de conduite.

Parmi les autres méthodes existantes, l'une consiste à simplement à écarter les propos mensongers. Le négociateur estimant que son interlocuteur campera sur ses positions, même soumis à une *prise de conscience indirecte*, décide alors d'occulter volontairement le sujet concerné. Le recentrage permet de prendre de la hauteur pour focaliser l'attention sur l'objectif fixé par le négociateur ou orienter la conversation vers une voie favorable afin d'échapper aux dissensions et désaccords qui paralysent la relation. S'il est convenablement effectué, l'interlocuteur délaissera de lui-même le sujet teinté de mensonges, car il ne présentera tout simplement plus aucun intérêt dans la nouvelle orientation donnée au discours.

À éviter

L'erreur la plus communément observée consiste à mettre l'interlocuteur dos au mur. Le négociateur, ne résistant pas à flatter les pentes de son ego, décide de mettre en exergue les contradictions et incohérences du discours, en y apportant des preuves irréfutables, pour «clouer le bec» à la partie adverse. Une fois le masque tombé, tel un lion en cage, l'interlocuteur n'aura de cesse que de vouloir restaurer son ego déchu, en faisant preuve de mauvaise foi ou en usant de son pouvoir pour détruire la relation et fermer la négociation.

Dans la même lignée, «tester» le mensonge n'est évidemment pas recommandé, pour les mêmes raisons. Le mensonge étant perçu comme de la provocation, l'interlocuteur s'évertuera à réagir fortement pour ne pas perdre la face, au détriment de la relation.

En outre, pour des raisons évidentes de crédibilité et de construction de relation pérenne, il convient d'éviter de mentir à son tour. Les gains parfois court-termistes que peut présenter le mensonge ne compensent jamais les risques encourus et les conséquences dramatiques.

Note sur la mauvaise foi

La mauvaise foi est une des conséquences comportementales du mensonge révélé au grand jour. Conscient que l'autre a décelé la tromperie, l'individu décide tout de même de s'arc-bouter sur sa position dans l'espoir d'influencer l'autre et surtout de ne pas perdre la face. Dans le cas de la négociation, même si le négociateur parvient de façon efficace à provoquer la prise de conscience indirecte chez son interlocuteur qui use du mensonge, il se peut que ce dernier refuse tout de même de faire évoluer sa conduite, choisissant délibérément de s'enraciner dans sa position actuelle. C'est un exemple de mauvaise foi typique. Dans le cas présent, il est conseillé d'écarter le sujet pour éviter le positionnisme ou l'escalade. Si le sujet ne peut être congédié, car il constitue une étape fondamentale dans la résolution du conflit, le négociateur privilégiera alors le recentrage dans l'optique d'apporter de la hauteur à la négociation et de ne pas faire du sujet un point de blocage.

Par exemple : «Très bien, vous me dites que vous avez payé cet intermédiaire *(le négociateur ne s'implique pas. Il reformule ce que prétend son interlocuteur, même s'il sait pertinemment que cette information est fausse, en l'occurrence qu'aucun fonds n'a été versé à l'intermédiaire)*. Maintenant, sachant qu'il est nécessaire de parvenir à un accord *(reformulation de l'objectif pour faire résonance)* – et écartons volontairement cette histoire d'intermédiaire *(détachement du point focal)* –, que préconiseriez-vous pour avancer sur le sujet *(demande d'implication de l'interlocuteur et ouverture de la négociation)*? »

Le débordement émotionnel

Définition

Le débordement émotionnel est un état passager dans lequel l'individu n'est plus maître de ses propres émotions.

Conséquences

Contrairement aux autres facteurs de complexité, le débordement ne présente aucun intérêt, puisqu'il est subi par l'individu qui en fait l'expérience.

Il s'inscrit cependant comme facteur de complexité puisqu'il impacte négativement le cours de la négociation, nécessitant l'intervention du négociateur pour stabiliser l'interlocuteur en crise. Le débordement émotionnel peut se traduire sous différentes formes : crise de panique, peur tétanisante, colère incontrôlée, mutisme soudain, fureur passagère, rires nerveux…

À privilégier

Quel que soit le débordement observé, il est primordial de ne pas entrer dans l'espace intime de l'individu en crise. Ce dernier doit rester libre de ses mouvements pour pouvoir évacuer le trop-plein émotionnel. De plus, une présence trop rapprochée pourra toujours donner lieu à de mauvaises interprétations qui ne feront qu'alimenter l'état de crise.

Dans le cas de *débordements émotionnels expansifs* – se traduisant par une forme d'explosion –, il convient de laisser à l'individu en souffrance la liberté de s'exprimer, sans jamais l'interrompre. Le seul fait de le laisser vider son sac permet parfois de retrouver un état normal. Si ce n'était pas le cas, sauf certaines négociations spécifiques telles que le kidnapping, une levée de séance est fortement recommandée pour créer un électrochoc et espérer reprendre la négociation plus tard dans un climat plus serein.

Dans le cas de *débordements émotionnels confinés* – se traduisant par un repli sur soi –, il est préférable d'apporter de l'aide rapidement. Face à un mutisme passager par exemple, le négociateur privilégiera un flux de paroles abondant, quitte à ce qu'il se transforme en monologue sans réponse de la part de son interlocuteur. Cela permet de maintenir le lien déjà construit, même si l'état émotionnel de l'autre n'est plus le même. Dans un autre registre, face à une crise d'angoisse, le négociateur respectera une distance de sécurité, adoptera un ton calme et rassurant et diminuera son débit de paroles.

À éviter

Un débordement émotionnel est par définition subi, ce qui sous-entend que l'individu n'exerce aucun contrôle volontaire pour dégrader son état. Cette prise de conscience est primordiale pour éviter tout jugement. C'est malheureusement le premier raccourci cognitif dès lors qu'un négociateur est confronté à une telle situation. Or le jugement ne permet en rien de résoudre un différend ou de calmer un individu en crise. Au contraire, il distancie le négociateur de l'interlocuteur et distend la relation.

Dans le cas de *débordements émotionnels expansifs*, donnant lieu à des comportements erratiques et impulsifs, l'erreur consisterait à enchérir de plus belle, par mécanisme de défense et de restauration d'amour-propre. L'interlocuteur étant sujet à des pulsions incontrôlées, toute tentative de «représailles» nourrirait le conflit et l'état de crise.

Face un *débordement émotionnel confiné*, l'erreur consisterait à quitter les lieux, le négociateur estimant que les conditions pour mener la négociation ne sont plus réunies. Laissé pour compte, l'individu s'en remet à lui-même et au temps pour revenir à un état normal. La négociation est avant tout une relation d'aide, au sens large du terme. Toute tentative bienveillante visant la collaboration aura toujours une résonance particulière, même dans l'esprit momentanément perturbé d'un individu en crise.

Les demandes irrationnelles

Définition

L'irrationalité s'oppose à la raison, se caractérisant par des illogismes et des incohérences. Les demandes irrationnelles se traduisent généralement par des exigences échappant au cadre de référence du négociateur.

Fonctions

Il existe deux manières de concevoir l'irrationalité pour le négociateur confronté à des propos dénués de sens, de logique ou d'harmonie.

L'irrationalité émotionnelle

L'irrationalité émotionnelle est le fruit d'un esprit déréglé, voire traumatisé. Toute logique échappe alors à la construction du discours, rendant les propos incohérents. Le sujet en proie à l'irrationalité ne peut exercer de contrôle sur son esprit, en subissant les effets.

Par conséquent, les demandes ne s'inscrivent dans aucune logique, que ce soit pour l'individu les formulant ou pour le négociateur.

L'irrationalité stratégique

Si l'irrationalité stratégique se traduit de la même manière que l'irrationalité émotionnelle, l'individu l'exprimant exerce un contrôle total sur son esprit. Dans le cas présent, l'irrationalité n'est pas subie. Bien au contraire, elle est utilisée pour répondre à un objectif précis : déstabilisation du négociateur, besoin de reconnaissance, obtention de contreparties plus élevées, refus latent de négocier...

À privilégier

Les demandes irrationnelles sont difficiles à interpréter, car l'irrationnel peut être tout simplement rationnel pour l'autre.

Par défaut, il convient de toujours prendre en compte l'importance d'une demande, quels que soient sa nature et son niveau d'exigence. Pour cela, le négociateur devra la traiter comme une demande rationnelle. La négociation s'orientera alors sur les motivations réelles de l'individu, justifiant une telle demande.

Si la demande ne repose sur aucune base logique, que l'interlocuteur montre des signes d'inconfort, se contredit et revoit à la hausse ou à la baisse le niveau de sa demande, il est très probable que c'est un cas d'irrationalité émotionnelle. Dans le cas présent, le négociateur cherchera à ramener son interlocuteur sur la voie de la raison en lui demandant de s'impliquer sur des éléments factuels. Si le sujet est en crise, les méthodes applicables dans le cadre du débordement émotionnel seront à mettre en œuvre.

Si la demande ne repose sur aucun fondement logique, ce n'est pas pour autant qu'elle émane d'une irrationalité émotionnelle. À titre d'exemple, dans le cadre d'une négociation commerciale, la partie adverse exige une revalorisation de ses conditions d'achat de 70 %, sachant que les demandes annuelles tournent en moyenne autour de 5 %. Si la demande peut sembler totalement irrationnelle, compte tenu de son niveau d'exigence et du fait que la partie adverse livre très peu d'informations sur le motif de cette demande, il se peut tout simplement qu'il ait été décidé à haut niveau d'arrêter de travailler avec ce fournisseur, sauf, et si et seulement si, les conditions sont revalorisées de 70 %.

Ce qui permet au négociateur de faire la différence entre irrationalité émotionnelle et stratégique est la façon dont il conduit la négociation et le comportement observé chez la partie adverse. Dans le cadre d'une irrationalité stratégique, la menace froide accompagne très rapidement des demandes élevées. De plus, l'interlocuteur montre rarement des signes d'inconfort et a tendance à ancrer sa position de manière ferme et définitive. Les prédicats utilisés portent une dimension fataliste et le niveau d'implication baisse, insularisant volontairement le négociateur. Si la demande est réelle, la décision relève alors de l'entreprise ou de l'organisme ayant missionné le négociateur.

À éviter

L'irrationalité est avant tout un jugement. Sachant que chacun structure sa propre réalité en fonction de son univers sensoriel et de son apprentissage socioculturel, l'irrationalité se définit hors du cadre de référence relatif à chaque individu.

L'erreur la plus observée est de considérer toutes les demandes s'inscrivant hors de la logique du négociateur comme irrationnelles. En les traitant comme telles, le négociateur ne peut espérer créer un lien empathique, permettant la minoration progressive de la demande. De plus, la négociation prend naturellement une tournure plus radicale, positionnant les acteurs en confrontation. Et, enfin, conséquence directe du jugement, le négociateur ou le décideur se gonflent d'orgueil face à une demande qu'ils estiment inappropriée, provoquant des prises de décision sous le coup de l'émotion.

Une autre erreur constatée est d'apporter une réponse ironique. Même si ceux y ayant recours justifient leur choix par la volonté de provoquer une prise de conscience chez l'autre, c'est avant tout pour restaurer leur ego abîmé. Ce type de réponse sera toujours perçu comme une provocation par la partie adverse. Pour ne pas perdre la face, cette dernière s'enracinera alors dans sa position et réduira *de facto* sa marge de manœuvre.

La multiplicité des interlocuteurs

Définition

Il s'agit d'une situation impliquant le négociateur face à plusieurs interlocuteurs au contact.

Fonctions

Sa fonction varie selon le contexte et l'objectif de la partie adverse.

La multiplicité nécessaire

Certaines négociations peuvent exiger la présence d'un groupe d'interlocuteurs, notamment dans le cadre de négociations dites «techniques», où chaque individu est un élément constitutif du dossier (avocat, psychologue, juriste, témoin, expert de tout type…).

La multiplicité stratégique

À l'inverse, d'autres ne requièrent aucunement la présence de plusieurs interlocuteurs. C'est très souvent un stratagème de la partie adverse pour déstabiliser le négociateur, en cherchant par exemple à intensifier la pression ou à brouiller la lucidité.

À privilégier

Quelle que soit la nature de la multiplicité, le négociateur doit déterminer en premier lieu qui détient le pouvoir chez la partie adverse. Comme exposé dans les paragraphes consacrés au *sociogramme* du chapitre 3, chaque membre joue un rôle fortuit ou imposé. Selon la teneur des informations communiquées, du renseignement, du jeu des regards, de l'expression corporelle, de la réaction à certains silences, de la prise de parole, de la valeur des prédicats, le négociateur devra être capable de cartographier les *acteurs actifs* et *passifs* pour ensuite isoler les *alliés* et *ennemis*.

Le négociateur doit négocier avec celui qui a le pouvoir avant tout.

Si celui qui détient le pouvoir est un allié, alors le négociateur portera toute son attention sur lui. Il réduira par voie de conséquence sa disponibilité envers les autres, en restant cependant cordial.

Si celui qui détient le pouvoir est un ennemi, alors le négociateur répartira son attention entre l'ennemi et les alliés, s'ils existent. Renforcer sa valeur auprès d'alliés peut provoquer un *effet contaminant* sur un ennemi jouissant du pouvoir, que ce soit pendant la conduite de la négociation ou lors du débriefing.

Une précision importante s'impose. Réduire sa disponibilité envers certains acteurs ne signifie pas les ignorer. Chaque fois que le négociateur aura la parole, celle-ci ne devra être destinée qu'à l'interlocuteur doté du pouvoir. En revanche, si un passif ou un ennemi sans pouvoir pose une question au négociateur, celui-ci se devra d'y répondre pour ensuite réorienter la conversation vers le détenteur du pouvoir, en l'impliquant personnellement.

Face à de nombreux interlocuteurs, il est également opportun d'envisager que le négociateur soit accompagné. Dans de nombreuses situations, cette démarche est vécue comme une marque de respect par la partie adverse, le négociateur décidant de donner le change pour équilibrer le flux d'informations. Une nécessité absolue s'impose cependant: une répartition et une attribution réfléchies en amont des rôles de chacun. Sans cela, il est préférable de négocier seul. Des interlocuteurs agiles testeront toujours la solidité du nouveau couple négociateur-soutien. À la moindre brèche, qui peut se traduire par des propos contradictoires entre eux ou l'engagement de l'un sans l'aval de l'autre, ils s'engouffreront rapidement pour prendre l'ascendant sur la négociation.

À éviter

Une première erreur consiste à faire intervenir le chef dans la conduite de la négociation pour espérer rétablir le rapport d'hommes déséquilibré. Cette démarche volontaire est souvent observée en réponse à l'intervention du patron de la partie adverse. Pour des raisons exposées plus haut, le chef ne négocie pas. Plus longtemps il peut rester caché, mieux c'est.

Une deuxième erreur est de vouloir faire de ses ennemis des alliés, le négociateur s'efforçant alors de changer le regard ou le comportement de ses interlocuteurs. Outre l'inefficacité de cette démarche, c'est avant tout du temps précieux que le négociateur n'utilise pas pour résoudre le différend avec le détenteur du pouvoir. Par définition, **mieux vaut toujours négocier avec des ennemis qui détiennent le pouvoir qu'avec des alliés qui n'en ont pas.**

Les personnalités pathologiques

Définition

La Classification internationale des maladies (CIM) et le Manuel diagnostique et statistique des maladies mentales (DSM) considèrent une personnalité comme pathologique dès lors qu'elle présente des réponses inadaptées et répétitives.

Kurt Schneider, psychiatre allemand du xxe siècle, célèbre pour ses travaux sur les personnalités psychopathiques et schizophrènes, y ajoute une notion de souffrance en proposant la définition suivante : « un profil caractériel (…) statistiquement rare et que les attitudes et le comportement sont une cause de souffrance pour le sujet lui-même et pour son entourage ».

Gestion des personnalités pathologiques

L'esprit populaire aime à penser que les personnalités pathologiques sont dangereuses et alimentent uniquement les films d'horreur ou les faits divers. La réalité est tout autre.

Si ces profils se caractérisent par des comportements inappropriés, les rendant difficiles à gérer, ils ne sont pas pour autant tous nuisibles. Une personnalité schizoïde, par exemple, manifestera de la froideur et de la réserve prononcée plutôt que de l'agressivité.

Les personnalités pathologiques sont peu nombreuses mais elles existent. Sur cent personnes croisées, la « chance » de rencontrer un paranoïaque ou un sociopathe s'élève à 2 %, soit deux personnes sur cent. C'est peu et beaucoup à la fois. Sur cinquante négociations effectuées, il est très probable d'affronter au moins une fois une personnalité pathologique, même dans un cadre professionnel.

Pour chaque personnalité abordée, le nombre de personnalités relevé dans la population figurera sous forme de *prévalence*[1].

---

1. Féline A., Guelfi J.D., Hardy P., *Les Troubles de la personnalité*, Médecine-Sciences Éditions, 2002.

Cette liste n'est volontairement pas exhaustive. Elle couvre les pathologies les plus récurrentes.

La personnalité paranoïaque

Prévalence : de 0,5 à 2 % de la population mondiale.

La personnalité paranoïaque se caractérise par de la méfiance aggravée et de la susceptibilité exacerbée. Sûr de lui, orgueilleux, méprisant, intolérant, le sujet paranoïaque s'estime incompris, il est incapable d'autocritique. Du fait d'une adaptation sociale difficile, les gens ont tendance à l'éviter.

Le négociateur devra montrer la plus grande prudence en présence d'un individu paranoïaque. Toute approche sera très certainement mal interprétée par le paranoïaque, qui utilisera ensuite la colère et l'agressivité comme modes de défense. Le négociateur devra rester calme et factuel en apportant une attention particulière à la forme des messages.

La personnalité schizoïde

Prévalence : 2 % de la population générale.

Par définition, la personnalité schizoïde fuit la relation. Le sujet, replié sur lui-même, manifeste un profond désintérêt pour le monde extérieur. D'une pauvreté émotionnelle extrême, son état irradie la froideur et la solitude.

Au même titre que pour un suicidaire, le négociateur devra respecter une distance de confort pour éviter de provoquer des comportements irrationnels et erratiques. Le négociateur privilégiera une prosodie lente et synchronisée sur le schizoïde. La relation d'aide ne peut que s'inscrire dans la durée. Toute velléité d'accélérer le processus conduira le sujet à rejeter brusquement le négociateur.

La personnalité histrionique

Prévalence : 2,5 % de la population générale.

La personnalité histrionique se caractérise par la volonté constante de plaire et d'attirer l'attention. Les faits relatés sont par conséquent embellis ou falsifiés pour leur conférer une dimension plus théâtrale.

Dotée d'une hyper-expressivité émotionnelle mais d'une affectivité superficielle, la personnalité histrionique use et abuse de la séduction pour parvenir à ses fins. Fortement égocentrique, elle supporte difficilement la frustration liée au manque d'attention. Cela se traduit alors par des crises d'hystérie ou du chantage au suicide.

Extrêmement manipulatrice, la personnalité histrionique tentera d'entraîner le négociateur dans son jeu. Celui-ci se devra d'adopter et de maintenir une attitude neutre et empathique. Pour cela, la relation d'aide ne couvrira pas les accès d'euphorie ou de colère, liés uniquement à la dramatisation. Sans quoi le négociateur serait amené à perdre sa lucidité.

La personnalité narcissique

Prévalence : 2 % de la population générale.

La personnalité narcissique se caractérise par un orgueil démesuré et un profond besoin de reconnaissance. Dotés d'une assurance à toute épreuve, les sujets narcissiques usent de la manipulation et feignent l'empathie pour servir leurs ambitions.

Face à une personnalité narcissique, le négociateur devra faire preuve de maîtrise de soi et d'empathie pour affronter le mépris et la condescendance du narcissique. Si le narcissique perd la face, sa source première d'existence, le lien serait immédiatement brisé, entraînant des conséquences désastreuses sur le déroulement de la négociation.

La personnalité dyssociale

Prévalence : 2,5 % de la population générale.

Regroupant les profils psychopathiques et sociopathiques, la personnalité dyssociale se caractérise par un déséquilibre mental profond. Méprisant les normes et les contraintes sociales, le sujet dyssocial manifeste de la froideur envers les sentiments d'autrui et est incapable d'éprouver la moindre culpabilité. La frustration s'accompagne généralement par des décharges impulsives telles que le vol, les tentatives de suicide, l'agression, voire le crime.

Face à ce type de personnalité, il est important de ne pas rappeler la loi ou les contraintes sociales nécessaires pour éviter d'éveiller la colère ou le passage à l'acte. Si une relation empathique peut parfois s'établir, elle n'est que spécieuse. Dotée d'une étonnante faculté à séduire et à manipuler, la personnalité dyssociale se joue des rapports interpersonnels. Le négociateur devra orienter la conversation vers des éléments factuels sans connotation émotionnelle.

La personnalité anankastique

Prévalence : 1 % de la population générale.

Également qualifié de personnalité obsessionnelle-compulsive, le sujet anankastique manifeste de la prudence, du doute et de l'indécision excessifs. Perfectionniste à l'extrême, son comportement est rigide, préoccupé par les détails, l'ordre et l'organisation. Le profil anankastique est souvent autoritaire et obstiné, manquant de rondeurs dans son approche relationnelle. Dans un univers professionnel, il est souvent considéré comme austère avec un profond respect pour la hiérarchie.

Ce type de personnalité est communément réfractaire au changement. Pour y faire face, le négociateur devra en premier lieu entrer dans son cadre de référence. Chaque démarche induisant le changement ou l'acceptation de nouveaux paradigmes devra s'accompagner d'explications limpides, de douceur et de séquençage dans le temps. Toute tentative brusque et imposée se traduira par un rejet impulsif et un enracinement de position.

La personnalité schizotypique

Prévalence : 3 % de la population générale.

La personnalité schizotypique est sujette à des croyances et des pensées bizarres affectant son comportement. Souvent excentriques, les profils schizotypiques développent un goût prononcé pour l'ésotérisme ou des croyances décalées. Ils sont souvent habités de sensations étranges.

Face à ce type de profil, il convient d'user d'analogies et de métaphores en rapport avec leur environnement sensoriel pour espérer établir un lien. Les prédicats du négociateur devront connoter des sensations proprioceptives. Toute forme de jugement aura bien évidemment un impact négatif sur la relation.

Le refus de négocier

Définition

L'interlocuteur ou la partie adverse refuse de négocier. La négociation ne peut donc débuter.

Fonctions

Le refus de négocier peut répondre à des objectifs variés.

Tout d'abord, il peut s'agir d'un moyen pour déstabiliser le négociateur. L'effet recherché est de contraindre le négociateur à se livrer pour qu'il *ouvre* de lui-même la négociation. Cela se traduit alors par des concessions précoces sans contreparties.

Le refus de négocier peut refléter également une réelle volonté de ne pas négocier. Pour des raisons propres à la partie adverse (antipathie envers le négociateur, aucun intérêt trouvé…), la négociation n'est pas une option. À titre d'exemple volontairement caricatural et réducteur, un acheteur propose 100 000 euros pour une maison en valant 800 000. Le vendeur, jugeant la proposition non crédible, ne considérera même pas l'idée de négocier.

À privilégier

Dans tout cas d'un refus de négocier, il est primordial d'initier une phase de réflexion afin de chercher à comprendre pourquoi la partie adverse adopte une telle position. Qu'elle soit affichée (« non, je ne veux pas négocier, arrêtez de m'appeler ! ») ou latente (aucune réponse après des prises de contact répétées), le négociateur devra parcourir l'historique complet de la relation et du contexte pour espérer entrevoir des premières éléments de réponse.

Si le négociateur est la cause de ce rejet, le patron devra le remplacer. L'objectif ne saurait souffrir d'une antipathie reconnue. C'est souvent un choix difficile à assumer, notamment pour le négociateur, mais il est des situations où l'objectif passe avant les considérations personnelles.

Si le refus émane d'une réelle tactique de la partie adverse, alors la gestion du temps devient une priorité. Pour cela, il sera nécessaire de respecter certaines prérogatives.

Premièrement, les tentatives de prise de contact devront être suffisamment espacées pour ne pas étouffer l'interlocuteur et éviter un enracinement de la position. **L'acharnement mène généralement à l'agacement**, et conforte l'autre dans son choix. Cette approche est donc contraire à la prise de conscience et à la conduite du changement.

Deuxièmement, chaque tentative devra laisser une impression de choix à l'autre. Le négociateur adoptera une position ouverte et non directive, faisant résonner des options dans l'esprit de la partie adverse. «Monsieur X, je reste à votre disposition si vous souhaitez me contacter. Je vous ai laissé mon numéro de téléphone dans le dernier message. Le choix vous appartient et je le respecterai.»

Et enfin, il convient de conserver sa meilleure carte pour la dernière tentative. Dans le cadre d'une ultime approche, le message véhiculé par le négociateur devra être empreint d'espoir et d'intérêt perceptible pour l'autre, **sans blâmer son attitude mutique**. «Monsieur X, mes tentatives pour vous contacter n'ont malheureusement pas abouti. Je me permets de vous laisser un dernier message car j'ai des derniers éléments que je souhaiterais partager avec vous, susceptibles de réellement vous intéresser. Je reste à votre disposition bien entendu.»

Si l'interlocuteur accepte le contact, même pour signifier verbalement son refus de négocier («je ne veux pas vous parler, laissez-moi tranquille!»), la priorité du négociateur sera de connaître les motivations cachées de l'interlocuteur, en utilisant les techniques d'Écoute active, qui conduiront l'autre à se livrer.

Il est des cas où le contact ne peut malheureusement s'établir. C'est généralement la traduction affichée de l'absence d'intérêts que l'interlocuteur peut porter à l'encontre de l'entreprise ou de l'organisme représenté par l'interlocuteur. Dans ces cas précis, le négociateur activera *de facto* le renseignement pour confirmer ou infirmer cette probable hypothèse.

À éviter

La première erreur consiste à blâmer involontairement son interlocuteur en usant de prédicats directifs, lui faisant ainsi porter la responsabilité de la situation actuelle. «J'ai essayé de vous contacter à plusieurs reprises mais malheureusement vous ne m'avez toujours pas rappelé à *date*.» Le «vous» pointe du doigt le coupable. Deux conséquences directes sont à attendre : l'interlocuteur s'enlise dans sa position ou contre-attaque violemment en sermonnant le négociateur avant de couper le lien définitivement.

Une autre erreur observée est l'absence de séquençage dans les prises de contact. Traduction de la pression managériale ou de la mauvaise gestion du stress du négociateur, ce dernier multiplie les initiatives sans logique particulière. Cet asynchronisme, flagrant pour la partie adverse et souvent qualifié d'*acharnement,* permet difficilement d'établir un lien et de considérer le négociateur comme crédible.

À l'inverse, certains négociateurs décident de ne plus initier de contact après une première tentative, souvent pour tester la partie adverse. Si la manœuvre peut être efficace, notamment quand l'interlocuteur répond dans le laps de temps préalablement défini par le négociateur, elle peut s'avérer particulièrement infructueuse si la situation n'évolue pas. C'est très souvent le reflet d'une réaction orgueilleuse, qui va malheureusement à l'encontre de l'objectif du négociateur (établir le contact pour servir un intérêt spécifique). Celui-ci considérant qu'il a déjà le fait le premier pas, attend en retour une manifestation quelconque de la partie adverse. Il est des cas où l'attente peut être bien longue…

Et, enfin, le négociateur peut être la cause directe du refus de négocier. Quelle qu'en soit la raison, s'entêter pour se faire accepter renforce le sentiment de rejet chez l'autre ou donne lieu à des demandes injustifiées, profitant du rapport de force déséquilibré. «OK, je veux bien vous parler, même si, comme vous le savez, je ne vous porte pas dans mon cœur. Avant de répondre à la moindre de vos questions, je vous demande 10 000 euros. Si vous ne pouvez pas me les donner, ne me rappelez pas!» Pour éviter cet écueil, le négociateur demandera toujours à la partie adverse avec qui elle veut négocier, tout en essayant de comprendre les motivations réelles.

Les négociations impossibles

Si certains livres arborent la promesse de procurer les outils nécessaires pour réussir n'importe quelle négociation, la réalité est malheureusement différente. Il est des négociations qui ne peuvent aboutir.

Un mythe, largement véhiculé par les films à succès, est de croire que la réussite d'une négociation repose sur les épaules du négociateur et/ou du stratège. Le négociateur au contact, brillant par sa verve et sa vision stratégique, retourne la situation en trente minutes, devant le regard médusé des néophytes assistant à la scène... Le négociateur devient alors le centre de l'attention, héros et pacificateur des temps modernes dont la seule arme est la parole. **La réussite d'une négociation est avant tout dépendante du rapport de force existant.** Une asymétrie trop prononcée ne permettra jamais au négociateur d'exprimer l'ensemble de son talent. Au contraire, elle portera dans ses gènes un caractère irrévocable, anéantissant par voie de conséquence toute tentative du négociateur. Pour reprendre l'exemple précédemment cité et volontairement réducteur, tenter d'acheter une maison de 800 000 euros avec 100 000 euros en poche, tout en sachant qu'il existe au moins une trentaine d'acheteurs potentiels et solvables, rend la tâche du négociateur impossible, surtout si le vendeur ne veut rien d'autre que 800 000 euros pour pourvoir contracter un prêt plus important.

Il existe un autre élément pouvant rendre une négociation impossible : la stratégie adverse. **Certaines stratégies visent à détruire l'autre.** Si elles peuvent paraître court-termistes, voire irrationnelles, elles sont en fait mûrement réfléchies car l'acte de destruction a une portée particulière. Le négociateur découvre généralement trop tardivement qu'il a été la victime d'une machinerie bien huilée dépassant à la fois ses propres compétences et les velléités de l'entreprise ou de l'organisme l'ayant missionné.

> Un négociateur expérimenté, représentant les intérêts d'un petit groupe agroalimentaire, a rendez-vous à 10 heures dans les locaux d'une centrale d'achat. Reçu à 10 h 30 par trois acheteurs, le rendez-vous ne durera que dix minutes avant que le négociateur ne soit expulsé et que l'ensemble de sa gamme ne soit entièrement déréférencée. Le négociateur avait-il commis une faute pour justifier un tel comportement et des sanctions aussi radicales ? Un mois plus tard, après de multiples tentatives de reprise de contact et l'activation intensive de son réseau pour comprendre les raisons de cette sanction, l'un de ses contacts au sein de l'enseigne de distribution lui révèle qu'il a servi de lièvre. En effet, pour renforcer son image agressive et ainsi asseoir son pouvoir, le distributeur avait planifié de déréférencer un industriel et d'en faire un exemple aux yeux de tous. Le sort tomba ainsi sur le négociateur qui, quels que soient son talent et le contenu de ses propositions, n'aurait pu empêcher le déroulement du scénario, fomenté par la direction générale et mis en œuvre par les trois acheteurs à 10 h 30.

L'illusion de pouvoir négocier peut également poindre dans des cas isolés, notamment lors de conflits interpersonnels. Si la situation peut sembler propice à la négociation, elle est tout autre. La négociation est alors utilisée comme moyen pour servir des intérêts ou des objectifs personnels supérieurs. C'est généralement le cas de forcenés, retranchés dans leur domicile, qui ont planifié un passage à l'acte médiatisé. La négociation n'est qu'un prétexte pour donner un caractère théâtral à la situation. L'homme a décidé de mettre fin à ses jours, non pas dans l'indifférence la plus totale, mais en profitant d'une tribune acquise par le biais d'une négociation illusoire.

Si l'individu a fait le deuil de sa vie avant d'initier la négociation, les négociateurs de crise seront malheureusement démunis. Dans les cas où le sujet présente des doutes, tout le talent du négociateur devra alors s'exprimer.

Les techniques de déstabilisation mineures

Good guy-bad guy

Que ce soit dans le cadre d'un conflit social, d'une relation achat/vente ou même de négociations diplomatiques, certains individus aiment à user, voire abuser, de techniques dont l'objectif est de déstabiliser le négociateur. Ces méthodes sont considérées comme mineures, car si elles peuvent paraître désarmantes, leur impact sur l'issue de la négociation reste en général relativement faible. Au négociateur de savoir y faire face pour éviter que la relativité ne soit trop coûteuse.

Définition

Le ou les négociateurs sont face à deux interlocuteurs. L'un joue un personnage affable, ouvert, avec une volonté affichée d'aider le négociateur *(good guy)*. L'autre est critique, s'inscrit dans le refus et fait tout ce qui est en son pouvoir pour entraver la relation *(bad guy)*. Outre cette dualité de façade, la réelle technique consiste à faire croire au négociateur que le *good guy* est prêt à l'aider sous réserve qu'il réalise certaines concessions qui calmeront les ardeurs du *bad guy*. Le *good guy* se positionne alors comme médiateur spécieux, contraignant le négociateur à accepter celui-ci comme intermédiaire unique et nécessaire.

À privilégier

Le négociateur devra concentrer son attention sur le *good guy* uniquement. Toutes les menaces, insultes et autres artifices à caractère déstabilisant devront être ignorés par le négociateur. Dès lors que le *good guy* amorcera sa technique nécessitant l'aval de son collaborateur ou l'obtention d'une concession particulière, le négociateur devra alors le *coincer* pour faire éclater cette mise en scène.

Négociateur : Qu'en pensez-vous ?

Bad guy : C'est nul ! Plus que nul !

Négociateur : Je vous pose la question, monsieur X (*good guy*).

Good guy : Ça me paraît intéressant. Je dois d'abord me mettre d'accord avec mon collaborateur.

Négociateur : Pour quelle raison ?

Les facteurs matériels

Définition

L'interlocuteur crée un environnement défavorable pour le négociateur. Cela peut se traduire par un bureau encombré, une chaise bancale, la sonnerie incessante du téléphone, la lumière braquée dans les yeux ou la soufflerie de la climatisation dans le cou.

À privilégier

Malheureusement, beaucoup de négociateurs subissent l'environnement sans oser le faire remarquer. Leur concentration étant altérée par la *pollution* des facteurs matériels, ils perdent une partie de leur réalisme au détriment de l'objectif et de la conduite de la négociation.

Il convient d'exprimer verbalement son ressenti et de désigner la cause de l'inconfort pour espérer retrouver une situation acceptable, sans pour autant agresser son interlocuteur.

> Négociateur : Pourriez-vous me donner une autre chaise, s'il vous plaît ?
>
> Interlocuteur : Elle est très bien, cette chaise !
>
> Négociateur : Elle est bancale et un pied menace de céder. Je ne suis pas à l'aise.
>
> Interlocuteur : De toute façon, je n'en ai pas d'autre !
>
> Négociateur : Et celle près de vous ?
>
> Interlocuteur : Bon je vais vous changer de chaise sinon on va y passer l'heure !
>
> Négociateur : Je vous remercie.

Les attaques personnelles

Définition

Les attaques personnelles sont des pics lancés à l'encontre du négociateur, souvent en début de rendez-vous pour prendre rapidement l'ascendant sur la négociation. Sans réponse adaptée, le négociateur perd ses moyens au bénéfice de la partie adverse.

À privilégier

Ces attaques personnelles sont avant tout déstabilisantes du point de vue de la forme, le fond étant généralement dénué de méchanceté. Les pics provocateurs visent à contraindre le négociateur à se justifier, en *titillant* des critères valorisés : caractéristiques physiques, traits de personnalité, organisation de l'entreprise, historique de la relation…

Si le négociateur se justifie, il perd. La partie adverse profitera de ce malaise pour asseoir son pouvoir et rabaisser le négociateur. S'il répond par une question appropriée, il aura gagné et le jeu cessera *de facto*. Les réponses devront jouer la carte de l'humour, sans faire perdre la face à la partie adverse. C'est l'expérience du négociateur qui lui permettra d'avoir le jeu de jambes nécessaire pour répondre à tout type d'attaque personnelle.

Négociateur : Bonjour messieurs.

Interlocuteur 1 : Bonjour.

Interlocuteur 2 : Vous n'êtes pas trop jeune pour mener cette négociation ?

Négociateur : Il y a un âge minimum ?

Interlocuteur 1 : Bon, asseyez-vous.

L'effet Columbo

Définition

La négociation est sur le point de se clôturer quand l'autre formule une dernière demande, qui n'a jamais fait l'objet d'une quelconque discussion préalable. C'est l'effet de surprise conjugué à la clôture qui peut déstabiliser le négociateur et le pousser à faire une dernière concession pour finaliser rapidement.

À privilégier

C'est un des rares cas où il est conseillé de ne pas traiter la demande pour éviter des considérations irrationnelles et des explications interminables. Pour cela, le négociateur prendra volontairement le contre-pied en proposant de redémarrer la négociation à zéro. Cette technique est particulièrement efficace, notamment dans le cadre de négociations longues et éreintantes.

> Négociateur : Je suis ravi que nous ayons pu trouver un accord.
>
> Interlocuteur : Moi aussi ! Au fait, vous n'oublierez pas les 10 000 euros à rajouter au contrat.
>
> Négociateur : C'est-à-dire ?
>
> Interlocuteur : Vous savez… les 10 000 euros pour la mise à disposition rapide des innovations
>
> Négociateur : Je ne vois pas malheureusement.
>
> Interlocuteur : On n'en a pas parlé mais c'est évident qu'on ne peut signer sans ces 10 000 euros.
>
> Négociateur : Bon, je vous propose de nous rasseoir et de reprendre le dossier depuis le début.
>
> Interlocuteur : Non, je n'ai pas le temps ! On va signer comme ça mais n'oubliez pas que vous m'êtes redevable !

L'autorité supérieure

Définition

Cette technique vise à se désengager d'un point focal, en invoquant la nécessité d'en référer à son supérieur, dans l'optique d'obtenir davantage par la suite. L'individu se dérobe dès lors que le négociateur formule une proposition satisfaisante, tout en lui faisant savoir qu'il est intéressé mais la décision revient à son supérieur. Lors du prochain contact, l'individu fait mine de retraduire les propos de son patron, qui nécessitent un effort supplémentaire pour pouvoir accepter la proposition en l'état. C'est une manière subtile d'obtenir plus sans s'impliquer directement.

À privilégier

Face à ce type d'artifice, il est important que le négociateur ne subisse pas le fatalisme de la situation. Au contraire, il doit faire en sorte d'impliquer directement et personnellement son interlocuteur, pour contrecarrer l'éclosion d'une nouvelle demande, émanant de la prétendue autorité supérieure.

> Interlocuteur : Merci pour votre proposition. Je vais maintenant la soumettre à mon directeur et vous rappeler dans la foulée.
>
> Négociateur : Préférez-vous que j'en parle directement à votre directeur ?
>
> Interlocuteur : Non, je suis votre interlocuteur.
>
> Négociateur : Qu'en pensez-vous alors ?

Le « salami »

Définition

Communément utilisée dans les négociations achat/vente, la technique du « salami » consiste à dévaloriser l'offre du négociateur en la *saucissonnant* pour la vider de sa substance. Par une habile démonstration, l'individu contraint le négociateur à considérer sa propre proposition sous un angle volontairement réducteur.

À privilégier

Face à ce type de technique, le risque serait de justifier tout de même la pertinence de sa proposition *disséquée* et *dévalorisée* par la partie adverse. Le négociateur se doit d'occulter cette vision que son interlocuteur essaie de lui imposer, en redéfinissant les termes de la proposition initiale, c'est-à-dire non biaisée par le regard de l'autre.

> Interlocuteur : Vous me proposez 20 000 euros ?
>
> Négociateur : Tout à fait.
>
> Interlocuteur : Mais c'est ridicule ! Sachant que je gère 256 magasins, ça fait exactement 78,125 euros par magasin. Vous vous rendez compte ? C'est ridicule !
>
> Négociateur : Ma proposition est à considérer dans sa globalité. C'est une somme forfaitaire si vous préférez.

L'achat hypothétique

Définition

Cette technique consiste à gonfler artificiellement un engagement pour amener le négociateur à révéler sa marge de manœuvre. C'est la fameuse accroche : «Si j'achète plus, qu'est-ce que vous me faites comme remise supplémentaire ?» Dans ce cas précis, l'engagement est captieux et le négociateur le sait.

À privilégier

Face à un achat hypothétique, le négociateur, conscient de l'irréalisme de l'engagement, ne doit pas apporter de réponse frontale. Il fera plutôt en sorte d'impliquer son interlocuteur sur la pertinence de sa demande, en le contraignant à fournir des éléments factuels. Si ce dernier est incapable d'en produire ou enchaîne les incohérences, le négociateur fera en sorte de le ramener pas à pas à la proposition d'origine, c'est-à-dire celle réaliste.

> **Interlocuteur :** Si je commandais le double, quel prix me feriez-vous ?
>
> **Négociateur :** Pensez-vous que ce soit réaliste ?
>
> **Interlocuteur :** Oui !
>
> **Négociateur :** Au regard de vos contraintes de stockage, comment allez-vous procéder ?

Le quiproquo intentionnel

Définition

Le quiproquo intentionnel est un coup de bluff. L'interlocuteur profite de la désorganisation affichée du négociateur pour provoquer un malentendu, qui sera préjudiciable à ce dernier. La désorganisation peut se traduire par la présence de documents pêle-mêle sur une table, le manque de vue d'ensemble, l'absence de structure dans l'entretien ou encore des oublis répétitifs.

À privilégier

Pour éviter tout quiproquo, le négociateur doit se contraindre à prendre des notes. Non seulement il consigne par écrit les points clés de la négociation, lui permettant d'y revenir à tout moment, mais il projette également une image professionnelle et structurée, permettant de limiter les initiatives de malentendus intentionnels.

> Interlocuteur : Et n'oubliez pas les 10 000 euros sur lesquels vous vous êtes engagé lors de notre dernière rencontre.
>
> Négociateur : Quels 10 000 euros ?
>
> Interlocuteur : Vous savez bien, je ne vais pas passer mon temps à tout vous rappeler !
>
> Négociateur (ouvrant son cahier pour reprendre les notes du dernier rendez-vous) : Monsieur, j'ai consigné tous les points de notre dernière rencontre dans mon cahier. Je n'ai absolument rien concernant ces 10 000 euros. Tenez, je vous invite à reprendre mes notes.
>
> Interlocuteur : Je n'ai pas que ça à faire, allez, avançons !

La comparaison avec la concurrence

Définition

Dans l'optique de dévaloriser et d'obtenir de meilleures conditions, l'interlocuteur compare ouvertement l'offre du négociateur à celle de la concurrence. Dans ce cas précis, l'interlocuteur peut bluffer ou dire la vérité.

À privilégier

Face à ce type de technique, il est préférable de jouer le jeu de la partie adverse. Toute tentative dérivative – visant à écarter le sujet – de la part du négociateur risquerait de provoquer un enracinement de position chez son interlocuteur, ce dernier ayant le sentiment d'avoir «appuyé où cela faisait mal». Pour se prémunir contre cette réaction, le négociateur privilégiera l'analyse détaillée de l'offre de la concurrence.

Interlocuteur : Quoi ? Vous savez que vos concurrents me proposent 10 % de remise supplémentaire !

Négociateur : Mis à part le prix, quelles autres conditions vous proposent-ils ?

Interlocuteur : Exactement les mêmes que les vôtres !

Négociateur : C'est-à-dire ?

Les intimidations marginales

Définition

Les intimidations marginales regroupent les différentes techniques visant à augmenter le niveau de pression. Dans ces cas précis, le négociateur est conscient de leur impact marginal sur la conduite de la négociation.

À privilégier

Face à ce type de techniques, il convient de ne pas faire perdre la face à la partie adverse. L'erreur consisterait par exemple à défier l'interlocuteur de mettre en œuvre sa menace. Pour éviter ce type d'écueil, le négociateur en appellera de façon insidieuse à la responsabilité de son interlocuteur, en le confortant dans son rôle de décisionnaire. Cette méthode permet non seulement d'inverser la pression, mais aussi d'écarter naturellement des intimidations à faible portée.

Interlocuteur : Votre proposition ne me convient pas du tout.

Négociateur : Pouvez-vous me donner plus de détails ?

Interlocuteur : Je vous l'ai déjà expliqué à maintes reprises. Si vous ne revoyez pas votre position, je me verrai contraint d'arrêter de travailler avec vous.

Négociateur : Monsieur, avec tout le respect que je vous porte, cette décision vous appartient et vous en êtes seul maître. Maintenant…

CONCLUSION

L'ambition de cet ouvrage répond à un seul objectif exposé sciemment dans l'introduction : apporter des outils efficaces aux négociateurs pour gérer la complexité sans la subir. En lisant ces dernières lignes et après avoir parcouru l'ensemble de ce manuel, vous serez seul juge de la pertinence des conseils procurés, en les appliquant lors de vos négociations quotidiennes. Et, ainsi, vous pourrez vous-même dresser votre propre conclusion.

Il serait prétentieux de ma part de vous dire que tous les pans de la complexité ont été couverts de façon exhaustive. Non seulement ce n'est pas le but de ce recueil, qui se veut avant tout abordable et méthodologique, mais surtout je considère que la complexité ne connaît de limites qu'en celles qu'elle trouve chez l'Homme. Et comme chaque individu est un être à part entière, semblable et différent en tout point, la complexité ne serait qu'une nébuleuse en mouvement permanent, animée par des ressorts psychologiques singuliers.

Un chapitre entier n'aurait pas suffi à aborder le facteur humain qui complexifie à la fois les négociations mais est également porteur de sens et vecteur d'informations. Par cela, j'entends la *lecture comportementale*, terme barbare que j'utilise pour déceler et décoder les signaux verbaux, paraverbaux et non verbaux chez la partie adverse. Également la *gestion des émotions*, aussi bien ses propres émotions que celles de son interlocuteur, pour comprendre et corriger les mécanismes entraînant des comportements atypiques. Et, enfin, les *communications d'influence avancées*, qui sont pour la plupart issues du milieu thérapeutique et clinique, dont l'usage maîtrisé permet d'entrer en relation avec des profils particulièrement difficiles.

Mon prochain ouvrage, en préparation, sera entièrement consacré au domaine de la psychologie en négociation complexe.

BIBLIOGRAPHIE

Alfred Adler, *Connaissance de l'Homme. Étude de caractérologie individuelle*, 1949.

Patrick Audebert, *La Négociation*, Éditions d'Organisation, 2000.

Philippe Cahen, *Signaux faibles*, Eyrolles, 2011.

Christophe Caupenne, *Négociateur au RAID*, Le Cherche-Midi, 2009.

Laurent Combalbert, *Négocier en situations complexes*, ESF, 2012.

Christophe Dupont, *La Négociation*, Dalloz, 1994.

A. Féline, J.-D. Guelfi, P. Hardy, *Les Troubles de la personnalité*, Flammarion Médecine-Sciences éd., 2002.

Roger Fisher et William Ury, *Getting to Yes*, Houghton Mifflin, 1981.

Edward T. Hall et Mildred R. Hall, *Understanding Cultural Differences – Germans, French and Americans*, Intercultural Press, 1990.

Edward T. Hall, *Le Langage silencieux*, Seuil, 1971.

Edward T. Hall, *La Dimension cachée*, Seuil, 1984.

George Kohlrieser, *Négociations sensibles*, Pearson, Village mondial, 2007.

Kurt Lewin, *Frontiers in Group Dynamics*, 1946.

Kurt Lewin, *Resolving Social Conflicts*, 1948.

Robert K. Merton, *Social Theory and Social Structure*, 1949.

Abraham Moles et Elisabeth Rohmer, *Psychologie de l'espace*, Casterman, 1972.

Gerald Nierenberg et Henry Calero, *The New Art of Negociating*, Square One Publishers, 2009.

Angelique Pinet, *The Negotiation Phrase Book*, Adams Media, 2011.

Daniel H. Pink, *Drive, The Surprising Truth About What Motivates Us*, Riverhead Books, 2009.

Carl Rogers, « The clinical psychologist's approach to personality problems », *The Family*, 18, 233-243, 1938.

Carl Rogers, *La Relation d'aide et la psychothérapie*, 1942.

Robert Rosenthal, Lenore F. Jacobson, « Teacher Expectations for the Disadvantaged », *Scientific American*, 1968.

Jean-Paul Sartre, *Huis clos*, 1947.

Kurt Schneider, *Les Personnalités psychopathiques*, PUF, 1955.

Sun Tzu, *L'Art de la guerre*, vi^e siècle.

INDEX

édition pré-presse
livres numériques

44400 Rezé